DREAM CLASS

设计智慧课堂

培养学生一生受用的学习习惯与思维方式

[美]
迈克尔·林辛
Michael Linsin 著

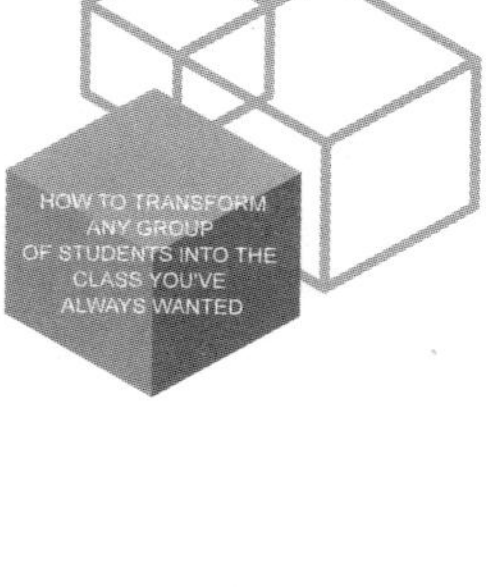

中国青年出版社
CHINA YOUTH PRESS
中青文传媒

图书在版编目（CIP）数据

设计智慧课堂：培养学生一生受用的学习习惯与思维方式 /（美）迈克尔·林辛著；安俊，付稳译 . — 2 版 . —北京：中国青年出版社，2019.1

书名原文：Dream Class: How To Transform Any Group Of Students Into The Class You’ve Always Wanted

ISBN 978-7-5153-5277-0

Ⅰ . ①设… Ⅱ . ①迈… ②安… ③付… Ⅲ . ①课堂教学—教学管理 Ⅳ . ① G424.21

中国版本图书馆 CIP 数据核字（2018）第 198950 号

设计智慧课堂：
培养学生一生受用的学习习惯与思维方式

作　　者：[美] 迈克尔·林辛
译　　者：安　俊　付　稳
责任编辑：肖妩嫔
美术编辑：张燕楠
出　　版：中国青年出版社
发　　行：北京中青文文化传媒有限公司
电　　话：010-65516873/65518035
公司网址：www.cyb.com.cn
购书网址：zqwts.tmall.com
印　　刷：大厂回族自治县益利印刷有限公司
版　　次：2013年11月第1版
　　　　　2019年1月第2版
印　　次：2021年1月第2次印刷
开　　本：787×1092　1/16
字　　数：150千字
印　　张：11
京权图字：01-2013-4873
书　　号：ISBN 978-7-5153-5277-0
定　　价：39.00元

目　录

Contents

序 言

Preface

智慧课堂，让学生成为主动的学习者

英国探险家欧内斯特·谢克尔顿被认为是20世纪最伟大的领导者之一。在1914年试图穿越南极的过程中，他的“耐力”号探险船撞到浮冰，陷入了浮冰群。最终，船身被上千万吨浮冰的压力所压裂，留下一船船员困在了威德尔海海域的冰川上。不久之后，谢克尔顿带领着他的船员从容不迫地穿过了浮动的冰川，直至到达阔如镜面的水域。在那里，他们分乘3只小救生艇，动身寻找安全的陆地。7天之后，他们才来到渺无人烟的象岛，登上了象岛布满岩石的海岸。

几乎一年过去了，在熬过刺骨的寒冷以及死亡与饥饿的威胁之后，所有27名船员才最终获救，而营救他们的正是谢克尔顿本人——他在3个月之前带领了另外5名船员，登上其中一只救生艇动身寻找南乔治亚岛和岛上的捕鲸场，以便获得帮助。在寻找南乔治亚岛的过程中，他们在世界上最险恶的水域上航行了17天，而这次航行则被认为是人类有史以来所完成的最伟大的航海横渡之一。登上南乔治亚岛之后，谢克尔顿和另两名船员又徒步翻越了高山，穿越了冰原，目的地是隐匿在岛屿另一侧的捕鲸场。

不得不说，这是一项不凡的成就，而谢克尔顿也被人们拥为英雄。

他那种让队伍保持高昂的士气，激励船员同心协力、共度难关的能力，也被人们视为领导能力的终极典范。谢克尔顿身处困境时所做的决策，大到在冰川上组织船员进行足球比赛，小到一大早就为船员准备好热牛奶，都是为了建立互信、提升士气、促进团结。据人们所述，谢克尔顿将这些船员打造成了一支优秀的团队，甚至可以说，他把他们打造成了一支“梦之队”。

谢克尔顿这支团队的成员，来自生活的各行各业——有科学家、医生、厨子、甲板水手，甚至还有逃票搭船的乘客，但是他却将他们打造成了一支富有同情心的、有着高度积极性的团队，一支能够同舟共济、克服几乎不可能克服的困境而存活下来的团队。

和许多新老师一样，我从未在这样恶劣的环境中生活过，我对它的唯一体验，就是在高速公路上行车时会经过这里。

许多年前，当我努力学习试图成长为一名合格的教师之时，我就读过谢克尔顿具有历史意义的探险故事。获得教师资格证之后，我接受了一家市中心学校提供的教师职位，在那里，我要教四年级的学生。学校附近的街区颇受匪帮、毒品和贫穷的滋扰。和许多新老师一样，我从未在这样恶劣的环境中生活过，我对它的唯一体验，就是在高速公路上行车时会经过这里。但是，谢克尔顿的故事告诉我，有了正确的领导才能，我们不仅能够在逆境之中坚持下来，甚至会因为逆境的缘故，反而更加茁壮地成长。

这本书所阐释的理念，是我20年来积极寻求、甄别与践行一些关键要素的成果，这些关键要素能够给课堂带来极大的变化。听从这些关键要素的指引，其最终的目的不仅仅是改善我们的教学，而是要让我们成为一名卓尔不群的教师。

教学的效果如何，很少取决于我们教授学生的工具，更多的是取决于我们教授学生的方式——包括我们与学生的互动，我们与学生之间的关系，以及我们营造的学习氛围，等等。课程规划与课堂管理流程固然重要，但是它们并不是能够促成改变的关键要素。事实上，两位教师使用同一套教材，教授同一套课程，并且执行同一套学生守则，教学的成果也可能会大相径庭。

在这本书中，你将了解的是那些能够为课堂带来改变的关键要素。通过书中提到的教学诀窍，您会知道如何将随意一个普通班级，打造成您最初决定成为教师时就设想过的那种课堂：您的智慧课堂。本书中呈现给您的理念，完全建立在我多年任课经验的基础上。我所分享的故事都是真实发生的。这些教学技巧将培养学生一生受用的学习习惯与思维方式。

我坚信，没有哪位教师非得承受紧张的教学环境的煎熬，或者一定要纵容那些不尊师、不守纪或者厌学的学生。我所希望的是，这本书将帮助您消除在班级里的挫败感，打造智慧课堂，让学生成为主动的学习者。

教学诀窍 | 1

如何给学生设定界限

☑ 在自由与规则的界限达至平衡的环境中，学生的表现最好。

☑ 通过直接的指导，做示范或者角色扮演，为学生订立明确的行为规则界限。

☑ 每天让学生温习一次你的界限、规则和要求。

上中学的时候，我在学业的道路上迷失了方向。这怨不得别人，只怪我自己。我当时是个蠢货，这一点是毫无疑问的。我沉浸在方兴未艾的社交生活中不能自拔，对学习却提不上劲来。我在父母和教师那如同雷达般的监视下依旧逃遁，而花在学习上的工夫，则刚好够应付他们的。现在回想起来，我当时勉强凑合的成绩，与我现在所秉持的职业道德还真是格格不入，但是对于当时十几岁糊里糊涂的我来说，这看起来是完全可以接受的。

于是，当我进了高中的时候，才发现自己还不能适应这种新增加的学习上的严苛要求，成绩也远远落后于其他同学。没有上进心，又缺乏自信，我就这样艰难地熬过了高一学年的第一学期，大部分的成绩不是C就是D。我整天躲在教室的后排，勉强能跟上班级进度，仅仅是因为我阅读能力强罢了。第二学期，当我被安排在比尔·海德的英语课堂上学习的时候，我命运的轨迹发生了改变。

一位伟大的老师改变了我的一生

比尔老师很有个性——善于表达，而且活力十足。我还记得第一次坐在他课堂上的情形。起初，我对他即兴的激情和讲解英语语法时的热情感到吃惊，但是很快，我就被他的教学方法吸引住了。之前，我还从没遇到过像他这样的老师。他时不时地开个玩笑，逗得自己和学生一起笑起来。他还热衷于搞一些小恶作剧，但是不知怎么，他就是能像激光一样精准地不偏离自己的教学目标。

比尔立刻就刺激到了我的神经，而我也喜欢这样。他讲课很风趣，这也是自从小学以来，我第一次真正地对学习产生了兴趣。这学期进行到一半的时候，有一次，比尔把我拉到了一旁。他对我说，我很聪明，是能够将学业再提升一个水准的。看起来简单的表态，它的背后也带有明显的挑战。这也是我听过的别人对我说过的最美好的话中的一句，尤其是当这句话是从我尊重、崇拜的人口中说出的时候，更具有一股强大的魔力。我不想让他失望，也不想让他觉得自己看走眼了，于是我开始努力学习、奋发向上了。

比尔成为了我学业上的救命稻草，四年来，我紧紧抓住这根草，每学期修他一门课，直到毕业。

比尔成为了我学业上的救命稻草，四年来，我紧紧抓住这根草，每学期修他一门课，直到毕业。偶尔我也会怀疑我自己的能力，但是比尔从未怀疑过。他几乎从不间断地鼓励我，要求我努力学习，给予我信心，让我能过度过那些富有挑战性的时刻，带着将来在大学乃至以后的生活中必备的竞争技能，来到了成功的彼岸。

想要特权就必须为此负责

尽管比尔和学生之间常常开着善意的玩笑，但他却注意在对待每位学生时，都给予他们某种学者般的尊重。比尔有一个天赋，就是当学生回答问题或是给出自己见解的时候，比尔让他们感觉到他们的想法有着确实的分量，是有意义的。他让学生们感觉到，他们和他在知识上是平等的，同样拥有值得尊重的话语权。这感觉棒极了，在他的班级里，这就是一种特权，但是伴随着特权而来的是责任。有些界限，是你永远不能逾越的。

老师的权威毋庸置疑

听到我们强忍压低的笑声，比尔只简单地说了句："出去。"

一天，在比尔的课堂上，我忽然犯浑，控制不住地咯咯笑起来。事情是这样的：那天，我一位好朋友坐在我正对面，而当时比尔正给我们布置任务呢。每次我和好朋友眼神对视的时候，就禁不住咯咯笑起来。这样持续了有好几分钟，然后比尔迅速地瞥了我们一眼，示意我们要注意了。我们老实了一会，接着老毛病又犯了，又看了对方，咯咯笑起来。

听到我们强忍压低的笑声，比尔简单地说了句："出去。"我们都大吃一惊，立刻向比尔道歉，并保证不会再犯了。比尔的反应和先前一样：

“出去。我不想你俩继续留在这个教室里。”他站在那里一言不发，一动不动，直到我们站了起来，收拾好书，然后离开了座位。我走出教室的时候，感到背脊一阵冰凉。他既没告诉我们该去哪儿，也没告诉我们该做什么。

这件事对我的影响是如此的深远，以至于将近25年过去了，我回忆起这件事的时候仍然有历历在目的感觉。那天，当我独自一人坐在学生休息室，等待课程结束的时候，我既为自己让比尔失望而感到羞愧，也担心他不会再原谅我。

放学后，我立即去了比尔的办公室，向他道歉。很明显，我的行为令他不快了。他没有像往常一样，笑着跟我打招呼，说：“喂，林辛！”而是直视着我的眼睛，说：“不要再有下次。”就这么简单，没有长篇大论的训斥，没有商量的余地，当然我也没有辩解。不需要再说什么，他那句话中暗含的意思就是：如果再有下次，后果会很严重。你问我，我怎么会知道？因为我明白，比尔从不允许任何学生干扰其他学生的学习。我后来还了解到，这一点，是所有伟大的教师共有的特征。

第二天，我去他教室上课的时候，还是怀着忐忑不安的心情。他还会像以前那样对我吗？我的担心很快就被驱散了，因为当我走进教室的时候，他拿那件事开了个玩笑。他就是用这种方式让我明白，一切都过去了。像比尔这样出众的教师，从不会对自己的学生心怀芥蒂。在他们的眼里，每一天都是新的一天。后来的日子里，尽管我偶尔会违反纪律，比尔仍然一直指导我学习，直至我毕业。

对立面之间的平衡

这是一种取得平衡的技巧，鲜有教师能做到这一点，但是一旦掌握了这一点，学生将会茁壮成长。

周末的时候，我常常与其他几个受到“特殊照顾”的学生一起，坐在比尔的客厅椅子上，一遍又一遍地写作文或者修改作文。他要求我们努力学习，但是在这个过程中总是会给我们增添一些乐趣。比尔对自己学生的要求总是比别的老师对学生的要求要高，从这个意义上来说，比尔是严厉的。此外，正如我亲身体验的，比尔设定的一些界限，你永远不能逾越。但是，在这些界限之内，每个人都有自我表达的自由。这是一种取得平衡的技巧，鲜有教师能做到这一点，但是一旦掌握了这一点，学生将会茁壮成长。与他在一起的四年时间，不仅决定了我未来的学术生涯，也决定了我将来要把自己塑造成怎样的理想教师。

伟大的老师如比尔·海德，具有在对立面之间取得平衡的能力，这一点一直让我着迷。我成为大学一年级新生的第一周，就加入了一个日本空手道俱乐部，开始了空手道的学习。我学的那一派空手道叫做冲绳刚柔流 。刚柔流指的就是刚劲与柔和，这两者的二元对立贯穿于这门古老的武学艺术的始终。刚与柔的概念也不仅仅是字面理解的那么简单。

这两个极端之间的和谐并济才是让这门功夫具备威力，甚至臻于完美的决定因素。拳打与脚踢要刚劲，具有进攻性，出招时要使出全力。另一方面，挡与防要软，要灵活，拆招时要以退为进，借力打力。刚柔流的自我防卫哲学就是攻击之前先尽可能地躲闪（此处是柔），接着爆发百分百的力量，将对手一招击垮（此处是刚）。刚柔流的招式既美丽（柔），又具有破坏性（刚）。

对于那些最有天赋的，能够对学生的一生产生深刻影响的老师来说，找到这种对立之间的平衡是他们永恒的主题。刚柔流中刚与柔的特点，就代表着伟大的老师在自由与自由的界限之间取得平衡的能力。

刚柔并济的教师是怎样的

不久前，我观察了一个二年级的资深教师上体育课的情景。在观察的过程之中，我忽然想到，这节课本身就是一个微观世界，向我们展示了一个有能力的教师是如何具体地在自由与自由的界限之间的对立中取得平衡的。这个教师的学生们玩的游戏，是简单的墙手球游戏。这个游戏，学生们早已经熟悉了，但是这名老师并不想当然，而是讲了一遍她对学生在游戏中的行为要求，并提醒他们如果不遵守规则，就要接受惩罚。接着，她又详细地描述了一遍游戏的规则，并亲自做了具体的示范。然后她让几个学生模拟着玩一下游戏，以便其他学生观察。她也给学生留出了提问题的时间，确保每个学生都能明白游戏的要求。在为游戏设定规则的界限的时候，她既坚定，要求又严格。

孩子们玩游戏的时候，这个老师或是微笑着旁观，或是与他们一起开怀大笑，但是她很少下达什么命令。她没有插手过问游戏的细节问题，因为没这个必要，她提出的要求已经非常明确了，而她的学生也都能理解她的意思。她只需要站在那儿，享受着观察他们互相配合玩游戏的过程就够了。一旦他们开始了游戏，她也不需要补充什么新的要求，她唯一需要做的就是让他们在规定的自由界限内自由地发挥与玩乐。这些界限使得学生可以自由而不感到紧张，因为他们对于界限的位置一清二楚，他们可以在界限之内放松戒备，尽情地玩乐。

几分钟之后，这位老师加入了游戏，这也让她的学生感到非常高兴。她看起来和学生一样开心。她欢笑着，热情洋溢地玩着游戏，偶尔还做着示范，强化学生对于规范行为或者标准行为的理解。游戏进行到某个时刻，当一些学生排队等候的时候，一个小男孩认为另一个男孩插队到了他前边，于是推了他一把。这位老师立即停止了游戏，把这个插队的男孩从队列中揪了出来，当着全班同学的面，告诉他，他这种行为是难以接受的，他必须暂停游戏了。

她传递给学生的信息很明确，在我的规则与要求的界限之内，你可以尽情享受乐趣，但是越过了这些界限，那么就要踢你出局了。

她传递给学生的信息很明确，在我的规则与要求的界限之内，你可以尽情享受乐趣，但是越过了这些界限，那么就要踢你出局了。参与到我的课堂，是一种荣誉，是一种特权，但是随之而来的，还有责任和更高层次的要求。满足这些要求，你就是这个特殊群体的一员，不然，你就要出局了。毫无例外可言。

设立界限就是为了捍卫自由

和上述的那位老师一样，出众的教师会通过设置规范行为的界限，再坚定地执行这些规范，来保卫并守护课堂的神圣性。这些界限是不可更改的，也是没有任何商量余地的。在这些界限之内，教师可以自由地激励学生，发挥自己的创造性，给学生带来乐趣，而不受干扰——受到干扰，是能力较差教师的标志。另一方面，如果学生对于界限的位置一清二楚的话，他们就可以自由地发展、奋发向上，而不必担心会有其他学生侵犯他们学习的权利。这些界限，以明确定义的规则及其惩罚后果的形式而出现，是有启发性的教学活动实现的基础。缺少了这些界限，一切理应行得通的或者能够行得通的教学方法都会忽然哑火。太多的老师以为他们有着清晰的界限，但是实际上他们拥有的只是模糊不清、原则性不强的界限，这样的界限反而会阻碍教学，导致课堂氛围的紧张。他们的规则要么界限不明，要么不能一贯地执行，这往往导致他们诉诸于一些对抗性的方法，如命令、训斥，或者提高嗓门威慑学生。为了控制局面，课堂的趣味性被降到了最低点，而作为回应，学生会感到无聊，提不起劲学习，而且倾向于捣乱课堂的秩序。

在自由与界限之间达到平衡状态的课堂中，学生会受到激励，积极地参与进学习活动中。他们太过于享受学校生活的乐趣，而舍不得浪费哪怕一分钟的时间，把它用在不遵守规则或者承担其惩罚后果上面。然而，一旦规则没得到遵守，不要留商量的余地，没有争论，也不要容许辩解。规则只能用来遵守。要预先规定好学生都不喜欢的惩罚后果，让破坏规则的学生为自己的行为负责，这样的惩罚后果就是：将他们与他们喜爱的班集体隔离开。

对于那些决心为学生营造最有利的学习氛围的老师来说，自由与界限，就和刚柔流武术中的刚和柔一样，正确地加以利用，可以成为他们手中几近完美的技战术组合。

Tips
实践指导

1. 在自由与规则的界限达至平衡的环境中，学生的表现最好。能够掌握这一点，是伟大教师共有的特征。
2. 通过直接的指导，做示范或者角色扮演，为学生订立明确的行为规则界限。
3. 每天让学生温习一次你的界限、规则和要求。
4. 通过让违规学生承担所有学生都不喜欢的惩罚后果，即将其与他们所喜欢的班集体隔离开来，从而不折不扣地施行你的规则。
5. 在你设立的界限之内，允许学生自由地保持自我个性，享受学习的乐趣，而不必担心会有其他学生侵犯他们学习的权利。

教学诀窍 | 2

如何给学生立规矩和做示范

☑ 做示范远比口头的指导有效，如果还没做任何口头的指导，就更有效。

☑ 详细地做示范，能节省大把的时间，并且能排除学生的困惑。

☑ 即使是最枯燥的流程，详细地做了示范之后，学生也会明白你的要求。

学校的操场上有许多纵横交错的黄线。一天早晨，某学年刚开始的时候，我让学生并肩排列在其中的一条黄线上。他们在那里等我的时候，我正穿过学校的前门，走进学校。那天，我背着事先从学生那儿借来的小背包，穿着学校的校服——白色的翻领短袖马球衫和蓝色的宽松长裤。为了让自己扮学生扮得更像点儿，我还往头上抹了厚厚的发胶，将头发梳成了夸张的偏分。

在我走到班级学生听力所及的范围之内时，我转过身子，对着外边的街道大声喊道："拜拜，老妈！放学见！爱你！"说完我继续朝学生走去，他们都嗤嗤地笑了起来。他们排队的黄线前边几英尺的地方，有一块漆成了金黄色的圆地，这块圆地是标示学生上课前排队地方的标志。到了这儿，我停了下来。

详细地做示范

> 幽默，让活动更加有趣，让学生更易于集中注意力，因为他们会好奇我接下来会继续做什么。

在示范开始之前，我告诉学生说，他们要仔细地观察我，但是要对我装作视而不见，就像我对他们视而不见一样。我站在原地，假装跟排队的其他学生聊天，直到我按了一下手表上的按钮，发出“哔”的一声信号，表示早间预备铃响了。听到铃声，我立刻循着一条我要求学生每天早上去教室的时候也要严格循着的路线，走了过去。

我继续着夸张地表演，在走路的时候，同我想象的同学交谈着。我还装着与经过的同学微笑着打招呼。我与想象的朋友聊着天，说家庭作业已经按要求完成了，说我很喜欢我的老师但是觉得他有点不正常。这句话被紧跟在我身后的学生听到，引来了一片笑声。做这类示范的时候，我总是加进去一些幽默的元素。幽默，让活动更加有趣，让学生更易于集中注意力，因为他们会好奇我接下来会继续做什么。

走到通往教室的斜坡底部的时候，我停了下来，提醒我想象中的朋友说，从这一刻开始，除非老师允许，我们就不能讲话了。我走上了斜坡，走近教室门的时候，我用左手伸进了教室，轻叩了一下挂在门上的标语牌，上边写着：

> 今天要像第一名那样努力学习！

这句口号，是对圣母大学橄榄球队的一个类似口号的戏仿。圣母大学的橄榄球队“爱尔兰战士队”主场作战的地方是圣母大学体育场。体育场的球员更衣室外边有一块木质的标语牌，就挂在通往球场的梯子最底部，每名球员出场的时候，都会用手叩一下这块木头牌子，这个传统甚至可以追溯到二十年前。牌子上边写着：

今天要像冠军那样努力比赛!

我利用我那个版本的口号，只有十年或者十二年的样子，但是我却发现，这是有助于学生在进教室前，将自己调整到合适的学习状态上来的。在学生走进教室的时候，我经常提起这句口号，提醒每个学生，我们在这儿的目的是什么。他们都觉得这很酷，叩标语牌的时候也充满热情。

我继续做着示范。我目的明确，走进了教室，把背包挂在了编着号码的钩子上，掏出我做家庭作业的笔记本，检查了学生邮箱，看看有没有什么信件，然后坐到了我的座位上（实际是我学生的座位）。

接着，我拿出家庭作业，检查我的名字和日期是否写正确了，是否整洁地写在了本子的右上角。然后，我将作业本放到了桌子的左上角。

最后，我站了起来，将椅子推到桌子下边，面对着美国国旗，等待着朗诵《效忠誓约词》的开始——做所有这一切动作的时候，我脸上始终保持这一种适度专注的神情。我想传递给学生的理念就是专注于当下和自己眼前的任务。大多数学生每天到校之后，心不在焉，将过多的注意力放在了关注其他学生的行为上。

把学生不懂的地方讲清楚

在完成宣誓之后，示范就结束了。我转身面对着围在我身边的学生，问道："那么，现在你们有什么问题吗？很简单，是不是？有没有人有问题要问？"在回答了几个同学的问题之后，我继续问道："在你们早上下车进学校后，到准备朗诵《效忠誓约词》之间这段时间应该做什么，还有人不十分清楚吗？"

我经常使用这种问问题的技巧。通过问他们还有人不明白的吗，学生就有了提问题的责任。这是另一种把责任的担子转嫁到学生身上的方法，而且我发现这种方法总是特别有效，能带出学生最好的表现。

运转顺畅的机器

现在轮到他们了。我让他们背着书包，把他们带到学校大门外，然后让他们走完我之前为他们示范的整个例行的流程。我在一旁观察着，偶尔给他们一些提醒和建议。每天早上，在学校开始上课前，我都会看着他们，确保他们正确地走完了这套例行的流程。我知道，这让人听起来感觉我像个工头似的，但是事实上，如果你详细地为学生做了示范，他们很少会不按照你要求的做。而且，要求你学生做某事，却不检查他们是不是做正确了，那是劣质的教学。

以这种方式做示范的最美妙之处在于你只需做一次就够了。做示范之后的整个学年，我都很少需要再重新走一遍那个示范的程序。我唯一有几次重新做了示范，还是因为我第一次没有做得足够详细。

我喜欢班级像一台顺畅的机器那样运转。如果你不喜欢，我大胆猜测，可能是你在为班级示范你对他们的要求的时候，并没有足够地详细。令人吃惊的是，我还没遇到过哪个老师像我那样详细地做示范，我始终惊异于这是为什么，因为这种方法是多么强大有效啊。

如果你想让你的学生按照你规定的方式做某事（事实上，作为做事讲求效率的老师，你总会希望学生做任何事都按照特定的方式做），那么你就必须明确地给你的学生做好示范。不然，他们怎么可能知道怎么做呢？告诉他们怎么做，其效果远不如示范给他们怎么做，然后让他们按照你的示范进行实践。事实上，仅仅告诉他们怎么做，根本就没什么效果。

建起记忆的图谱

除了极个别例外，无论你为学生示范什么，他们都会加以效仿。

精确地为学生示范你想让他们如何表现，想让他们做什么，何时做，会十倍地加快学生学习学校和课堂规章要求的速度。如上文描述的那类做示范的活动能够为你的学生创造一种记忆的图谱。在做示范的过程中所加入的幽默元素和一些小的细节，可以起到钩子的作用，勾起学生对完整事件的回忆。做示范的时候，我常常就会在路上故意摔一跤，或者不小心把水洒到了我的衬衫上。这些行为，在当时看起来是很搞笑的，能够吸引学生的注意力。但是，更重要的是，还能帮助学生在他们的记忆中，嵌入一些小细节，帮助他们回忆所要学习的例行流程。除了极个别例外，无论你为学生示范什么，他们都会加以效仿。

多一些幽默精神

我经常坐在某个学生的椅子上，身边围着学生，向他们做这样或者那样的示范。比起告诉他们怎么做，做示范的效果是如此地高效，以至于我的教学变得更加地轻松，也更加地充满乐趣。我不必浪费时间，一遍又一遍地不断重申或者解释相同的事情。

而学生呢，也喜欢我这种教学的方法，因为它有趣，能让人参与其中，让他们几乎不费力就能记住那些流程，让他们一直都清楚我对他们的要求。

达成这种效果的要诀就是将具体细节的使用与幽默感结合起来。我相信，如果没有幽默精神，光是做示范也是行不通的，虽然我并没有这样做过。如果做示范的教师没有热情，这个做示范的过程对于学生将会是一种折磨，而结果也只能是毫无效果可言。

专注于知识的学习

几乎教授每个课堂流程的时候，我都会利用这种做示范的技巧，无论这流程是多么的琐屑。想象一下吧，如果你不必浪费时间一遍遍地提醒、讲解或者解释那些流程上的要求，你的教学将会是多么顺畅，多么有效率啊。而你的学生，在上学的每时每刻，都会清楚地知道他们该做什么，以及怎么做好他们该做的。

孩子们都会迫切地想要知道我们对他们的要求，详细的示范恰恰能清楚明确地给他们传达我们的要求。而且，学生知道自己应该做什么的那种踏实的感觉，也能让他们可以将精力专注于一切课堂的根本目的：学习知识。

Tips 实践指导

1. 做示范远比口头的指导有效，如果还没做任何口头的指导，就更加有效。
2. 详细地做示范，能节省大把的时间，并且能排除学生的困惑。
3. 即使是最枯燥的流程，详细地做了示范之后，学生也会清楚地明白你是如何希望他们完成这些事情（任何事情）的。
4. 幽默和一些小的细节可以起到记忆图谱的钩子作用，勾起学生对完整事件的记忆，进一步巩固学生对要求的理解。
5. 学生了解了你对他们的要求之后，就能够将精力专注于每个成功课堂的根本目的：学习知识。

教学诀窍 | 3

如何走进学生的内心

☑ 与学生建立融洽的关系，能赐予你强大的杠杆与影响力。

☑ 如果你作为教师的形象不讨人喜，就很难与学生建立融洽的关系。

☑ 第一天来学校，就要为你的课堂带去一些乐趣、一丝笑容。

几年前，为了能离家更近一点，我转到了另一所学校教书。在该学年刚开始的前几周，我接到了一个电话，邀请我与两名新同事共进午餐。我们是在一家当地的墨西哥餐馆中碰面的。

互相介绍之后，其中一位新同事提醒我说，我们之前见过面。几个月前，他同一队教师还有他们的校长来到了我的课堂听课。我回忆起来，当时我们班正在玩一个词汇复习的游戏。

当时，我做这个游戏秀的主持人，而我的学生们正热闹地玩着游戏。学生们分为两组，每一组的成员都在拼命地翻着索引卡，每张卡片上写着一个英文字母，一套索引卡组成一套英文字母。我会大声读出某个词的定义，而他们则要猜出正确的单词，并每人手举一张卡片将这个单词正确地拼写出来。第一个拼出来的小组将赢得更高的分数。孩子们又是大笑，又是欢呼，真不知道他们有没有注意到有一队成人正在观察着他们。我想，即便他们注意到了，他们肯定也没有表现出来。

我认为让学生在学习的时候也能享受乐趣，是非常重要的，但这里也有个重要的前提，那就是，这种乐趣必须为大家所共享，必须在规则的约束之内，必须与当时的场合合宜，而且永远不能以侵犯他人的权利为代价。那一天，我的学生真是严格地依照着这种精神而进行的游戏。

来听课的教师鱼贯走出教室的时候，他们的校长将我拉到了一边，说："你明年到我们学校教书，怎么样？我们正好有个四年级教师的职位空缺。"查看了《托马斯地图手册》，看了看学校的地理位置，又听了许多关于学校附近社区的正面评价之后，我接受了她的工作邀请。

一个铁腕教师管理班级的故事

那天共进午餐的时候，我的新同事告诉我，他非常欣赏我上课的方式，但是他想让我知道，他并不是那种能与自己班的学生一起玩乐的那种老师。他说，在与学生的互动中，他更冷淡些。那个时候，我还不能确定他为什么要告诉我这些。如果那是他教课的风格，我没什么意见。这与我没有任何关系。

我后来慢慢了解到，他是一位博学的老师，每次备课都很充分。在对待学生的时候，他公平、言行一致，看起来也很镇定。他似乎是一位很关爱学生的老师：他为学生做最好的教学准备。但是，他确实是冷淡的，在冷静的外表下，甚至常常还很紧张。

当我们加深了彼此了解的时候，他向我倾诉说，尽管他对班级管理得不错，但是他却不得不花费很大的工夫——不断地叫家长，严厉地训学生，频繁地中断上课，而且严格地限制学生的权利。

他这种严厉的方法让学生叫苦不迭。他们常常感到很无聊、不快乐，结果，也更可能扰乱课堂纪律。和许多本意很好的老师一样，他觉得要以铁腕来管理班级，以便控制班级的局面，让学生尽可能地好好表现。

他一定是注意到了，尽管上课的时候，我的学生是多么地快乐，我是多么地平静、多么地放松，但学生的表现也同样很好。我这样猜测，是因为他向我就这一方面的问题征求建议。我尽可能委婉地建议他说，如果他放松些，与班里的学生更多些有趣的互动，他就可以与学生建立更为融洽的关系，而不必诉诸于那么严厉的惩罚措施了。

融洽的关系让一切都轻松起来

建立融洽的关系是一个有机的过程，如果这关系是勉强得来的，还会适得其反。

毫无疑问，与学生建立和谐融洽的关系让一切都轻松起来，尤其是在管理那些有不良表现的问题学生上，更是如此。与学生建立自然的、互相信任的关系，好处数不胜数，但是，我们该怎样建立呢?

有些老师花上珍贵的课余时间，与单个的学生，尤其是那些还在努力克服不良表现的学生待在一起，试图建立那种互相信任的融洽关系。他们与学生吃在一起，玩课间游戏在一起，再不，就是总在一起坐着聊天。尽管很耗时，这些活动也可能有一定的帮助，但这样做并不是很有效率。建立融洽的关系是一个有机的过程，如果这关系是勉强得来的，还会适得其反。

尽管付出了这些额外的努力，许多老师仍然达不到与每个学生都建立互相满意的关系的目标，结果每年至少都会有那么几个学生让他们劳神费力。而且，利用课堂外的时间改善与学生的关系，便剩不下多少时间做其他事了。

建立融洽关系的要诀

想一想吧，如果是你不喜欢的人给你提建议，你会听从吗？

为什么有些老师建立融洽的关系水到渠成，而另一些却不是这样呢？为什么班级的管理对一小撮幸运之士来说不费吹灰之力，而对另外的大多数来说却要费尽心思呢？答案就在于学生对你的感觉。如果你呈现给他们的作为教师的人格面貌不讨人喜，那么你想建立融洽的关系就难了，而且，你几乎很难影响到他们的行为——除非你利用一些惩罚措施。

你的学生只会根据自己的意愿，或者在其他外界影响下，做出行为的选择，但他们却是在你的影响下，做出的这些选择。而你剩下的选择，就是要么做一个要求学生尊重你、服从你的纪律主义者，要么做一个可怜的老师，每天都努力着熬过辛苦的一天。

想一想吧，如果是你不喜欢的人给你提建议，你会听从吗？你更可能做的是翻着白眼，不予理会吧。如果是你钦佩的人给你建议，你会怎么办呢？你的反应，会有所不同吗？我猜会吧，你的学生也是如此。

一个弱影响力的例子

你有多少次听过有老师说“学年的头一个月（或者头两个月，头三个月）我不会给学生露笑脸”？就我个人而言，我几乎每年都能听到。

我也认识一些老师，他们几乎从不放松对自我的戒备，很少露出笑容，或者整个学年也不会表现出他们真实的个性。

这种教学方式的问题在于，它会挫败你任何与学生建立融洽关系的努力。如果学生把你看作一个不苟言笑、不太友善的人，要同他们建立互相信任，能对他们产生影响力的关系是几乎不可能的。而且，一旦你选择扮演苛刻、严厉的教师角色，一整年，甚至你整个的职业生涯，你都摆脱不了这种形象，除非你学会更好的方法。

我不妨给你讲一个最近的例子。一天早晨，在履行过课间职责过后，我正推着设备架朝着储存室走去。设备架上装满了从操场上收下来的呼啦圈、跳绳和足球。就在这时，隔壁教室的两个学生朝我走了过来，其中一个问道:“林辛老师，这一星期，我们可以帮你收设备推设备架吗？”

我回答道：“当然可以，但是你们得先征求你们班主任的同意，因为收完设备再上课，可能要迟到几分钟了。”

“你介不介意帮我们问一下啊？”他们问道。

我觉得这个问题问得很奇怪，但是仍然回答道：“不，不介意。但是，你们为什么不自己问呢？”

他们俩面面相觑，异口同声地说道：“我们怕她。”

有趣的是，正是这个老师特别费心地努力和学生建立亲密的关系，她甚至以此为骄傲。她常常将学生拉到一边，激情洋溢地给他们一些鼓励、拥抱，或者击掌。偶尔地，她请他们吃顿午餐，而且常常能看到她跟自己的学生在外边踢足球。她也经常下班后加班很晚。如果学生分数考得不好，她也会痛心不已。这些都是她的优秀品质。她真心关爱他们，关心他们的前程。但是在教室上课的时候，她是毫无幽默感可言的。

她的语调中透着严厉，偶尔还会大嗓门地威慑学生。于是，尽管她格外努力与学生建立融洽的关系，她还是为学生的不良行为问题而不断地挣扎着。好几次她告诉我："我不知道我还能撑多久。我奉献奉献再奉献，而他们只是不断让我失望。他们就是无所谓的态度。"

考虑到这位老师在课堂上课时的形象，当她热情洋溢地笑着朝学生走来，甚至还与学生击掌时，只能让学生冷不丁吓一跳，因为他们困惑，那个在课堂里很严厉的教师形象，和这个急不可耐地想要与他们打成一片的教师形象之间，反差也太大了吧。于是，与这位老师的私下互动就会变得很尴尬，甚至让他们感到"怕"。要让这么一位老师与害羞的学生或者有不良表现的学生交流，就更困难了。

建立融洽关系的最好方法

> 如果你能为学生营造一个愉快的学习环境，而你的个性又前后一致、开朗快活、和蔼可亲，那么你就掌握了通往融洽关系王国的钥匙了。

要让工作更轻松，让教学更有效率，在你第一天进学校的时候，就带着你的真实个性，发挥着幽默精神走进你的课堂吧。多笑一笑，至于什么建立融洽的关系，把它抛之脑后吧。不要去找融洽的关系，要让融洽的关系主动来找你。

我并不是建议你忽略学生，而是建议你不要刻意地去与他们接触。信不信由你，不去花太多时间、太多精力建立融洽的关系，情况反而会更好。这听起来可能会与直觉背道而驰，但是事实上，过于热情会导致学生感到不自在，也会让我们看起来显得过于急切。过于急切，会破坏任何关系的建立，而且会让我们失去任何与学生建立持久和融洽关系的机会。

谁也没有理由强迫你与学生建立自在的互信的关系。如果你能为学生营造一个愉快的学习环境，而你的个性又前后一致、开朗快活、和蔼可亲，那么你就掌握了通往融洽关系王国的钥匙了。他们会变得想更加了解你，这样，不需要勉强，能对学生产生影响力的关系就水到渠成、轻松地建立了。

现在，当你再表扬学生或者与他们击掌的时候，这种行为对他们来说，就不是无足轻重的了。如果他们喜欢你，喜欢在你的课堂上课的感觉，那么你再与某个学生或多个学生谈论他们的选择多么糟糕的时候，你就真正有了能影响他们的力量了。当你直视着他们，对他们说“我对你很失望”的时候，他们就不会再置若罔闻了。你的话，会对他们产生一种魔力。

与学生之间的轻松融洽的关系，只是受欢迎的老师和愉快课堂的副产品。所以，微笑吧，好好利用这个强大的支点，以便对他们施加影响。微笑，再辅之以规定好的铁打的纪律，你就会和那些优秀老师一样了，与学生建立融洽的关系以及班级管理都会显得轻松自如。

Tips
实践指导

1. 与学生建立融洽的关系，能赐予你强大的杠杆与影响力，让一切都变得轻松起来——尤其是对于学生的行为管理来说。
2. 如果你作为教师的形象不讨人喜，就很难与学生建立融洽的关系。
3. 第一天来学校，就要为你的课堂带去一些乐趣、一丝笑容。
4. 没有必要刻意努力与学生建立融洽的关系。如果你的个性开朗快活、和蔼可亲，如果你能为学生带来愉快的学习体验，和谐融洽的关系自然水到渠成。

教学诀窍 | 4

如何表扬才更有效

☑ 恰当地利用表扬能够引导学生的行为朝着你期待的方向表现。

☑ 要打破因为学生完成一个普通的要求就表扬他们的习惯。

☑ 学生完成了一个普通的要求的时候，微笑着礼貌地感谢他们即可。

过去几年，我一直为学校五年级的学生组织一年一度的校内曲棍球联赛。一般我们有八到十支球队，分为两个赛区比赛。一个赛季通常由常规赛、分区季后赛和总决赛组成，常规赛期间每队比25场比赛。10月份的时候，我们会召集有兴趣组队参赛的学生开一个初次见面会，然后赛季开始，持续到第二年3月季后赛开始的时候。在初次见面会期间，毫无例外，我都会被问到这样的问题："我们参赛能得到什么好处？"

说实话，有段时间，我还真不知道怎么回答。最简单的答案是：什么好处都没有——至少物质上是这样。然而，又可以说，加入球队打比赛的好处是无限的，包括战友情谊、体育精神、竞争精神、坚持不懈的精神，等等。这些内在的奖励最好是亲身体验，口头的说明不足以描述其美好。

然而，全国有许多青年体育联赛，会颁发给每位选手一座奖杯，而不管他们所在的队伍是否赢得冠军。我猜想联赛组织者这样做，可能是为了避免伤害选手的自尊心吧。如果没有哪支队伍因为优秀而被挑选出来，没有因为优秀的表现而被颁以奖项，那么就有人感到自尊心受挫了吧。颁奖给每位队员，就是将一切队员放在了相同的层面上。每个人都是赢家。你出场了，你就得到一座奖杯。但是，对于参赛的队员来说，出场难道不是最基本的要求吗？

> 最终，是追求目标的过程给了我们最大的奖励。

体育赛事带给我们的众多神奇好处之一，就在于这些赛事本身就是生活的缩影。在比赛中，我们学会怎么样有尊严地赢得比赛，怎么样克服我们的失望与失利，怎样依赖于我们的朋友和队友而获得支持。大家朝着赢得冠军的共同目标而努力，会提升我们对于生活大课堂的理解。这才是我们应该关注的。能够作为一个团队，在追求一个值得的目标的过程中，自然而然地在无论成功或者失败的过程中得到的奖励，就是对我们最大的奖励了。

当只有唯一的冠军队伍获得奖杯的时候，才表明我们对冠军的追求是值得的。最终，是追求目标的过程给了我们最大的奖励。这才是我们学到生活教训的地方。给每位参赛队员都颁发一个塑料奖杯，将生活的教训搞得很廉价，只是表明了对比赛真正价值的误解。

向所有参赛者颁发奖杯，尽管在短期内没有伤害，但是却间接传达出这样一层意思：完成最基本的要求（仅仅出场参赛），就是值得特别予以认可的行为。难道这就是我们想传达给我们孩子的信息吗？我认为不是的。如果我们降低门槛，对最微不足道的成就也予以认可，那么我们得到的也只是仅此而已。而且，像履行义务似的人人都给奖励，只会让真正的成就贬值，让勇于追求的精神受挫。

课堂中不恰当的表扬是毒药

正如不加区别地颁发奖杯冲淡青年体育赛事的价值，在课堂中不恰当的利用表扬也是如此。我每天都能听到教师因为学生完成了一个我们看来再平常不过的要求而表扬他们。例如，如果某个学生将椅子放到桌子下边，你就因此表扬他，那么，你就是给了那个学生一种期待，让他期待着实际上根本不值得认可的事情得到认可。这会强化学生毫无来由地期待表扬。你因为他完成了微不足道的事情，就赞许地拍拍他的肩膀，他会对这种类似行为过于习惯，以至于这样的称赞失去了真正的意义。

你有没有对一个安静地坐在座位上的学生说过："干得很棒，托马斯！我就喜欢你坐在座位上的样子。"我希望你没有说过，尽管我常常听到这类表扬。不论何时你做出了这样的表扬，你都是在降低对于真正值得表扬的事情的标准。这样的话，假如托马斯做了什么特别的事，比如说他写了一篇优秀的作文，比他之前写过的所有作文都要好上很多的作文，那么你就得组织一场游行来表扬托马斯了，因为只有这样才能显出你对于他作文的称赞和对于他安静地坐在座位上的称赞之间的区别。

如果你仅仅是说"写得很棒，托马斯！"，托马斯会怎么想？可能他会想，在他老师的价值标准里，安静地坐在座位上和写了一篇好作文的价值是一样的吧。这样问题就来了：如果是这样的话，那么托马斯干吗要奋发向上呢？如果他奋发向上了，那么一定是因为某种自身的激励或者因为其他外部的影响，但却不大可能因为受到你的影响。空洞的表扬，只会限制你的影响力。

不该表扬时可以用礼貌用语

说“谢谢你”，绝不意味着你是在向托马斯表示安静地坐在座位上是什么成就，而是仅仅谢谢他做了本分的事。

我被录取参加一个教师培训计划，朝着教师资格证书努力的时候，他们告诉我要抓住学生表现好（其实是学生们做他们的本分之事）的时刻，然后表扬他们。他们说，这不仅会让学生感觉很好，而且其他学生注意到之后，也会照着做。我当时的想法和现在的一样：我为什么要这样做？目的是什么？这样的表扬只会降低表扬的门槛，没有真正的意义，而且也是不诚实的表现。安静地坐在座位上真的就是“干得很棒”吗？甚至说，安静地坐在座位上的时候，有干出什么很棒的事的可能性吗？

如果你想以这种方式利用表扬对其他学生施加影响，例如，让其他学生也安静地坐在座位上，这里有更好的方法。过时但却合适的礼貌用语会帮你达到相同的目的，而不会因此降低表扬的标准，削弱表扬的效果。例如，你可以说“托马斯，谢谢你安静地坐在座位上。”这样，你就是在为学生示范如何恰当地做出合乎礼节的行为，而安静地坐在座位上也是值得你说一句谢谢的。这是诚实的做法，不涉及到说一些自己都不相信的话。

说“谢谢你”，绝不意味着你是在向托马斯表示安静地坐在座位上是什么成就，而是仅仅谢谢他做了本分的事。现在你再表扬他写了一篇好作文，你的认可对他来说就不是无足轻重的了，而且会鼓励他在你的课堂中更加积极向上。

例外情况

我意识到也有例外的情况。尤其要注意的是那些有注意力集中问题的学生和一些有学习障碍的学生。有时候，你也会遇到一些学生，他们没有明显的学习障碍，但是有时候却需要你表扬才能完成安静地坐在座位上这一类的小事。然而，对于大多数学生来说，完成这样的事是他们的本分。

另一个例外情况，是你往教学计划中引进新事物的时候。在每学年的开始，我为学生示范课堂流程的时候，就会表扬那些首次正确地走完了流程的学生。然而，首次的学习之后，这也就成了他们本分的事。

表扬可以帮助你传达对学生的期望

> 对优异的行为与表现视若无睹，和空洞的表扬一样有害。

利用得恰当，表扬可以成为激励学生的强大武器。孩子们表现好的时候，乐于得到大人的认可，而适时的给予他们认可也是很重要的。永远不要让学生的任何成就或者好的行为举止，没得到你的认可就从你眼皮下溜掉。对优异的行为与表现视若无睹，和空洞的表扬一样有害。表扬将会帮助你引导学生朝着通往优秀的道路前行。如果你保留对他们的表扬，那么你的苦日子就来了，你将很难向他们传达对他们的期望。

我曾经为一名校长工作过。他在上任的头几个月，计划确立一些有关学校安全的规定与准则，订立新的午餐时间表和流程。之前，学校在这些方面的管理很松散，而他现在想加强这方面的管理了。

几年前，我曾经在亲身观察的基础上，制定了一系列的操场安全规定和教师职责准则。听到校长的计划之后，我又将这份文件翻了出来，更新改动了一番，交给了校长。

几周之后，他向员工公布了他的计划，其中正包含着我给他的那份文件。对此我一点意见都没有，我本来就是要帮他的。但是，他却从来没因为我分享这份文件而表达谢意。自然而然，我的结论就是他一定不看重我对他的帮助，于是从那以后，我很少情愿帮他做超出我课堂职责之外的事情了——并不是说我不乐于帮助，而是我不确定他是否需要或者欣赏这种帮助。对你的学生也是如此。他们做得好的时候你不给予认可，那么，他们怎么知道你对他们的期望如何呢？

表扬的时机

对于如何最有效地促进孩子健康的自尊心，向来众说不一。从我的个人经验来看，人们唯有通过达成对他们来说具有挑战性的事情，通过做成他们不知道自己是否能完成的事情，或者通过帮助他人，才能培养真正的、持久的自尊心。

你一定要非常警醒，留意学生做成这些行为或者达成这样成就的时刻。当你真捕捉到这种时刻时，你的表扬也要发自内心。点亮他们对自己优秀行为表现的认识。通过恰当地利用表扬，在学生学习的动力、成功的决心以及对其他学生的无私之心方面，你都能发挥深深的影响。

注意：

没必要为了使表扬有效，而在表扬的时候过于感情奔放或者过于夸张。审慎但诚恳的称赞行为往往更有影响力。例如，赞许地点点头，击一下拳头，或者微笑着进行一下眼神交流。当你动机纯净的时候，微笑也能产生最强大的效力。

Tips 实践指导

1. 恰当地利用表扬能够引导学生的行为朝着你期待的方向表现。
2. 要打破因为学生完成一个普通的要求就表扬他们的习惯。
3. 学生完成了一个普通要求的时候，微笑着礼貌地谢谢他们即可。
4. 对于大部分学生来讲的普通要求，并不是对所有人都是如此。
5. 关于什么是普通的要求，对于那些有注意力集中问题或者有特殊需要的学生，需要用不同的标准对待。
6. 学生表现好的时候，一定要及时给予认可与表扬。

教学诀窍 | 5

如何培养学生独立自主

☑ 鼓励学生独立能使你的工作更轻松，也会改善学生的学习、记忆力和表现。

☑ 课堂内容要制作得简单易行、有吸引力，并且能让学生积极参与进来。

☑ 对于大部分学生来说的普通要求，对另一些学生要区别对待。

一天早上，校长没通知，就闲逛着走进了我的课堂。和许多负责任的校长一样，她也倾向于尽可能多地走出办公室，巡视一下教师的课堂。她进来的时候，我的学生正着手独立完成他们的数学练习。几分钟前，我刚刚讲完课，现在正四处巡逻，不时弯腰检查学生做题的情况。

我喜欢花上一些时间监督每个学生做练习，确保他们能按照课堂上讲解的那样做题。我最不愿意做的，就是让他们回家以后，再坐下来完成家庭作业，实际上做题的时候一知半解。我监督学生做练习的时候，一般是不说话的，除了不时地说上一句“看起来做得不错”。

这一天和大多数时候一样，学生安静而又专注。我巡逻完之后，抬头发现校长就站在我身边。我和她关系不错，而且按照我认为适合的方式教学，我也没感到有什么不自在的。她跟我打了声招呼，然后评价了一句，说学生们多么独立啊。然后她问我：“他们一直都不用问你问题吗？”

“偶尔问，”我回答道，“如果我上课没讲清楚的话。”

她笑了笑，离开教室的时候轻声地道了再见。

只是故事真相的一半

> 我发现这种简化了的教学手段能够让学生更好地理解数学概念，因此也有更好的课堂表现。

我给校长的解释是诚实的，但是也只是道出了故事真相的一半。我的一些教学方法是不合常规的，要解释清楚也要花上一些时间——这样的时间是一位忙碌的校长通常没有的，虽说我倒是也乐意解释给她听听。确实，我尤其注意将我的课堂讲解得非常清楚。教数学的时候，我总是积极地甄选并删除任何多余的内容，只留下对于正确解题所必需的要点。我发现这种简化了的教学手段能够让学生更好地理解数学概念，因此也有更好的课堂表现。

我喜欢按部就班地解题，在题板上列出每一步的步骤，以供学生参考。每一步我都要解释得简洁透彻，同时给出详细的示例。如果学生对于我解题过程中给出的问题回答得令人满意，我就会让学生独立解几道题。为此，我会在一块（10×12）英寸的白色书写板上写上题目，然后高高举起来，让每个学生都能看清。而学生呢，则在他们自己的书写板上计算、答题。他们做完题，准备揭晓答案的时候，我们会一起数到三，然后他们一起把答题板举起来。在接下来的几分钟，我会快速地围班级绕一圈，迅速扫视并检查他们的答案。

学生都很喜欢这样的方式，因为其中乐趣多多。我会指着他们的正确答案，嘴里大声喊着“你答对了！”“砰！”“啪！”“中了！”。不少学生还会在答案下面写一些搞笑的话或者画上笑脸。如果看到有人答错了，我会当场给他额外的指导，而其他学生这个时候就可以解下一题了。

我们就这样继续着，直到我满意地看到每个学生都准备好独立做练习了。这样做的理念在于，只有当学生完全理解了课堂中讲解的数学概念的时候，才放手让他们独立地做练习。不然的话，我们就是眼睁睁看着他们去碰壁。这是我的标准教学方法。但是，我要再次重申，这只是故事的一半真相。另一半实情是，在学生开始独立地做练习之后，我很少单个地帮助他们。

不要急于帮助学生解题

学生开始独立做练习的时候，我会四处走动，检查他们的进度，但我并不情愿帮助他们，而且也只有在某些情形下才会对他们施以援手。我知道，对于一些老师来说，这听起来像是对教师职责的亵渎，但是我却深信，在大多数情况下，当你猫着身子在学生身边帮他们解题的时候，你的做法是弊大于利的。因为这样做，你就等于是在鼓励学生：

☑ 在课堂上对你的授课充耳不闻

☑ 抛弃他们学习的责任

☑ 变得过于依赖老师

几乎所有老师，在学生请求他们帮助解答问题的时候，反应都很迅速，甚至不少老师还害怕拒绝学生这样的请求，但是，如果你克制住自己不着急给予学生帮助的话，这无论是对你还是对学生都是有好处的。对于某些人来说，这样的看法可能太过严苛而不能接受，因为这样做给人的印象是这样的老师冷漠，甚至有些无情，但是这样的臆测绝不是正确的。事实上，尽量不要单个地帮助学生，是你能为学生做的让他们受益匪浅的事情。

> 如果你有单个地帮助学生的慢性毛病，那么我敢以全部家当赌你上课的时候会有大批神游的学生。

如果学生知道你愿意单个地给学生重复你上课时讲的内容，他们还会在上课的时候感到要迫切地关注、参与并仔细地跟上你的课堂内容吗？他们不愿意，也不会再这样做的。如果你有单个地帮助学生的慢性毛病，那么我敢以全部家当赌你上课的时候会有大批神游的学生。如果你希望学生上课时全神贯注、兴致勃勃，那么，让你的课堂教学变得简单易懂（并不是没有深度），再辅之以一丝幽默感。此外，当来到学生独立做练习的环节时，不要急着给予他们帮助。

我一向对学生说得清楚，在课堂结束之后，大多数情况下，他们就得靠他们自己了。对于我不情愿给予他们帮助的原因，我也很坦白。而我的学生，作为回应，在我上课的时候变得更加积极了，而且会问些更深刻、更引人思考的问题。有时候，尽管他们已经理解了上课内容，还是要求我再举最后一个例子，这种情况也不是很罕见的。只有在我回答了他们的每个问题，并且他们一致表示准备好了之后，我才会让他们开始独立地做练习。

这种教学方法之所以行得通，是因为老师这样做就是将学习的责任转移到了它本该待着的地方，也就是学生自己身上。有太多的老师，怀着一腔热忱，想做那种愿意为了学生什么都做的老师，结果却为他们做得太多了——这反而对学生无益。

其他好处

促进学生的独立也会让你的工作变得更加轻松。这样做，会减轻你的压力，不用再从一个学生身边跳到另一个学生身边，重复地讲解几分钟前课堂上就对全班学生讲解过的内容。对于学生来说，这也能显著地减少家庭作业中出现的问题，改善他们的表现，也能提升他们学习上的自信心。

作为一个附带的好处，减少了对单个学生的帮助，你就会逼着自己将课堂内容做得简单易懂，并且尽可能地更加有趣。

“精神的机能”

毅力和努力就像是精神的机能，其重要性对于学生的成功是不可忽视的，所以要给学生充足的时间，让他们将这些精神的机能锻炼得强大起来。通过清楚、易懂、教学目的明确的课堂内容，为学生做好通往成功的准备，然后抽身而出，剩下的路让他们自己走。不加干预，给他们足够的时间练习并吃透课堂中讲解的内容。

特殊情况

确实有的时候，我会坐下来帮助单个的学生，尤其是在上阅读或者写作课的时候，或者是在对待那些有学习障碍的学生的时候。但是，要记住，利用恰当的问题启动学生的思维运转与重复讲解课堂中已经教过的内容之间，是有区别的。

■ 建立一个答案检查机制

在职业生涯早期，我注意到学生在数学测验上犯的许多错误是由于马虎所导致的，这也标志着他们对他人的依赖。学生们犯的错误和他们的数学能力没有任何关系。许多人因此丢掉了整个档次的分数，分数从A降到了B，或者从B降到了C。所以，在读过一本讲述越战中的美国直升机飞行员是如何依赖于他们的超强注意力来保障性命无虞的书之后，我设计了一个答案检查机制。

我制作了一张大海报，海报上用粗体字写着三个词："检查"，"再检查"，"再三检查"。我将海报挂在教室墙壁上，然后开始像念咒语一样向学生反复灌输这条信念。我强调，在每次测验时，每个学生都要做完这三个步骤之后，才能交上试卷。作为提示，我还在每张测验卷底部添上了三个方框：

☑ 检查

☑ 再检查

☑ 再三检查

学生每检查他们的卷子一次，就在相应的方框里打上一个对号。三次检查之后，他们就可以走到教室的前边了，那里有一张桌子，形状和肾的形状差不多，我在桌子上放了一个收卷箱。离这张桌子5英尺的地板上，我固定了一段大约3英尺长的胶纸带。学生走到胶纸带跟前时，要停下来，做出最后的决定。如果他们对自己的卷子100%满意，他们就可以跨过这个胶纸带，交上卷子；如果不满意，还可以回到座位上，继续解决任何令他们困扰的问题。

学生很快就接受了这一套检查机制，因为他们立即就见证了它的奇效，这奇效表现在更好的分数档次和更高的测试分数上。这也给他们灌输了一种重要的生活技巧，这技巧在他们以后的生活里也会受用。

任何成功的组织，无论是商业上的，还是体育运动上的，它们的共同点都在于坚持不懈地追求卓越。作为课堂教师，为什么我们不应该也这样呢?

尽量不要帮助单个学生，又设计了一套答案检查机制。做了这两件事之后，我的学生每当再遇到学习上的挑战时，也开始向自己寻找答案了，而不是光依赖我的帮助。最终，他们成为了无情的问题终结者，我为他们或是独立地或是与同学协作地解决学习上的难题的能力而倍感骄傲。

双向车道

将精力集中于一流的课堂内容设计与教学上，不要再代你的学生背负他们自己的学习责任了。

学生的独立性上了一个新的台阶，而他们靠着这样的独立获得的自信会让他们更加强大起来。他们会想，这是我自己做到的。确实，是他们自己做到的，没有那个老师猫着身子站在他们身旁，拿着汤勺像喂婴儿一样一口一口地去喂他们知识。

我常常告诉学生说："我的职责是教课，确保你们上的课是世界上最好、最有趣、最令人兴奋的。而你们的本分与责任就是听课，掌握我教给你们的内容，然后努力地练习、掌握。这是条双向车道，我为你们奉献我最好的，你们也要为我拿出最好的表现。”

■ 让你的学生履行他们自己的职责

将学习的责任往学生的身上转移得越多就越好。将精力集中于一流的课堂内容设计与教学上，不要再代你的学生背负他们自己的学习责任了。我们的目标应该是不断地往学生身上增加越来越多的责任。这样做，不仅可以让我们的负担减轻，更重要的是，还能提高学生的学习水平、记忆力和表现。

要做到这一切，一个好的开头就是减少对单个学生的帮助，再增加一个答案检查系统。为课堂内容瘦身，剔除掉那些不必要的肥膘，像激光一样精准地专注于教学目标。最后，要使课堂能够调动起学生参与的积极性，多一些幽默的元素，然后让学生尽他们自己的职责。

■ 依赖性强的学生让教学变得压力重重

依赖，是学生在生活中从成人(也包括老师)身上学来的东西。讽刺的是，依赖也是老师们最常抱怨学生的一点——当然，他们也有充分的理由这样做，因为依赖性强的学生让教学活动变得压力重重，不再那么令人愉快。

帮助学生太多了，会把你自己逼疯，也会减少学生成功的机会。培养学生独立，不仅是给他们的，也是给你自己的一个珍贵的礼物。

Tips 实践指导

1. 鼓励学生独立能使你的工作更轻松，也会改善学生的学习、记忆力和表现。
2. 课堂内容要制作得教起来简单易行、有吸引力，并且能让学生积极参与进来。
3. 对于大部分学生是普通要求的，并非对所有学生都是如此。
4. 只有在学生完全掌握了你课堂上讲解的内容之后，才能放手让他们独立地做练习。
5. 在独立做练习的时间还猫着身子逐个地帮助学生解决问题，你所做的实际上是弊大于利。
6. 给学生设计一个答案检查机制，以便减少由于马虎而导致的错误。

教学诀窍 | 6

如何培养学生拥有强大的内心

☑ 几乎所有的孩子，都会为自己树立一个低于实际自我的形象。

☑ 要打心底相信，你的学生当下就能有更高水平的表现。

☑ 帮助学生将低估的自我形象转变为与他们真实能力相一致的自我形象。

位叫维罗妮卡的女生，是学生中让我记忆最为深刻的一个。刚开始教书第二年的时候，她在我教的三年级上课，她独自一人改变了我对教师这一角色的看法。她常常坐在教室的前排，脸上带着可爱的笑容。在该学年的第一周，一天早晨，她请我过去，于是我来到了她座位旁。她一脸坚定地告诉我她不聪明，就是没法“学好数学”。我先谢谢她信任我，告诉我这个情况，然而让她第二天来上课之前，早点到教室，这样我便可以和她一起看看数学书上有哪些问题是她不会的。

第二天一早，她就微笑着带着数学书来到了教室。我们于是一起着手解决前天布置的数学作业。很快我发现，她其实聪明伶俐，听得仔细，问的问题也巧妙。但是很遗憾，没我细心指导的时候，她解题的尝试总是不能成功。而且，尽管她表面看起来阳光开朗，在我们交谈的过程中，我却能频繁地听到类似“我真笨”之类的她对自己的负面评价。她对自己作为学生的形象，打分非常低，而且也是不准确的。我的推论是，她不需要什么额外的帮助或者辅导，她需要的是能够确信她确实是聪明的，学习上做到优秀也是在她能力范围之内的。

快速地查了一下她之前的成绩记录，我发现，不可否认，她不算优秀的学生，但是我确定她有能力成为优秀的学生。于是，接下来的几个月时间，我努力让她改变对自己的看法。这之后，又过了短短几周，我的努力开始见效了。她的成绩提高了，她的笑容也变得自信起来。在该学年即将结束的时候，我收到了学校所在的学区寄来的一封信，通知我维罗妮卡将要参加一个考试，这项考试是该学区施行的天才儿童教育（GATE）计划规定的考试。她分数档次高，再加上标准测试的成绩优异，便获得了参加这项考试的资格。

几分钟过去了，当她终于接受了这个消息之后，泪珠从她脸上滚了下来，我瞥见她脸上露出了和她女儿一模一样的笑容，她女儿的笑容，正是从她那儿继承来的。

几周之后，我收到消息说，维罗妮卡通过了考试，于是我安排与她母亲见上一面。她母亲坐定之后，我告诉她，维罗妮卡已经加入了天才儿童教育计划。现在，很快就需要为她设计具体的计划，以便她挑战自己发展潜能了。刚开始，维罗妮卡的母亲还不敢相信，问我“你是在开玩笑吗？”接着又补充了一句“你觉得是不是他们搞错了对象啊。”

几分钟过去了，当她终于接受了这个消息之后，泪珠从她脸上滚了下来，我瞥见她脸上露出了和她女儿一模一样的笑容，她女儿的笑容，正是从她那儿继承来的。在接下来的两年时间里，我跟着所教的年级往上升，也仍旧是维罗妮卡的老师。我很幸运地见证了维罗妮卡不断地成长，成为了一名优秀的学生，一个自信的人。

一个更广泛的实验

他们身上始终具备着能够达到更高的学业高度的能力，而我唯一所做的，就是让他们相信他们有这个能力。

教维罗妮卡第一年之后，我就开始了思索。如果我将用在维罗妮卡身上的方法应用到整个班级的学生身上，那么他们能够有什么样的变化呢？如果能对我所有的学生都产生如此深刻的影响，那将是多么地振奋人心啊。另外，自信或者说那种对自己有坚定信念的感觉，能够在学生之间互相感染吗？

接下来的一年，学生的分数档次有了显著提高，他们的标准测验成绩也飞速地提升了。于是，在校长的坚持要求下，其他老师纷纷来到我门前，向我讨教经验。事实上，我真不知道该如何告诉他们。这并不是说我不知道我的学生是如何表现那么好的，或者我不知道他们为什么会表现这么好，而是说，我认为那些老师并不会相信我所说的。事实上，这只是我从事教师职业的第三年，我的课堂内容并不特别生动，我使用的主题单元也是从更有经验的老师那里拷贝过来的。而且，我上课时，大部分时间都在嘻嘻哈哈跟学生开玩笑了。

那么，他们是怎么做到的呢？我的学生是如何将他们的测验成绩和分数档次提高到他们前所未有的高度的呢？和维罗妮卡的情况一样，答案就在这些学生自己身上。他们身上始终具备着能够达到更高的学业高度的能力，而我唯一所做的，就是让他们相信他们有这个能力。我只不过是帮助他们改变了以往对自己作为学生的看法。

你的学生是如何看待自己的

所有的孩子，在自我认识的基础上（他们自认为这种认识是真实的），都会为自己树立一个作为学生的自我形象。多数情况下，他们的这种自我形象都是低于他们的实际能力水平的。他们从各种各样的认识来源，总结出了这种自我的负面信念。这些来源包括父母、老师、兄弟姐妹、同辈、邻居以及新闻和娱乐媒体。

如果你可以让你的学生远离这种错误的认识，能够认识到真正的自我（即，他们真正的能力），你就会注意到他们在学习态度上和表现上会有重大的、实质性的转变。

思维的转变

我们的理念就是要让学生相信他们能够做到更好——不是在将来的某个时间点上能够做到更好，而是就在当下，在眼前就能够做到更好。对于教师来说，第一步也是最关键的一步，就是要发自内心地相信你的学生真正的实力要比他们表现出来的实力更强，他们对自我的认识是低估了的认识。你今后如何对待学生，都将取决于你对学生的这样一条信念。

这是比仅仅相信你的学生能够有所提升更加显著的思维上的转变。这就是说，当下他们就比他们所表现出来的更加优秀——这并不是因为他们没有付出足够的努力，而是因为他们对自我形象的认识与他们真正的实力不相匹配。这也不是要你恳请他们努力学习，给他们灌输虚假的自信，或者仅仅是试图“提高期望”。这是要让他们在作为学生的自我形象上做出完整彻底的认识上的转变，而这种转变也是与他们今后的表现相一致的。换句话说，他们的表现总是与他们对自己的认识相一致；改变他们对自我形象的认识，他们的表现也会随之而发生改变。

在20世纪20年代，教师、心理学家普莱斯考特·莱基在学业成功与学生自我形象方面做了广泛的研究（后来莱基还为当时十几岁大的约翰·肯尼迪做过心理咨询）。做了成千上万次的实验之后，莱基得出结论，学生在学校的不良成绩，几乎总是与他们的负面自我认识相关联。

怎样提升学生内心的自我形象

以下所列举的技巧，可以有效地帮助学生，将他们的自我形象转变为与他们真实能力较为一致的自我形象：

将每天要完成的众多学习任务定义为学生要完成的目标，然后追踪他们努力并且最终实现这些目标的过程。目标的实现会帮助学生认识到他们的能力——重点还在于认可他们的成就。

让学生明白，如果一件事他们可以做得很漂亮，没理由另一件事他们不能做得很成功。他们对待那些更加具有挑战性的事情时所抱有的态度，应该和对待那些自己擅长的事情时所抱有的态度一样。

你要表现得仿佛他们一定会成为优秀的学生就像是板上钉钉似的。

每天都直接告诉学生，你相信他们聪明，能够表现得更上一层楼。说这话的时候，要诚恳热情。这样的话从一位有权威、受人信任的老师口中说出来，就会特别有分量。

当你看到学生学习或者表现低于预期的时候，要显得难以置信的样子，而且拒绝接受这样的结果。告诉他们：“这不像你。你和我都清楚你的实力，回去用你的真实实力重新做一次。”

要教会学生明白，过去不能决定未来。告诉他们，你不在乎他们之前是什么样的表现，那完全不重要。每一天都是新的一天，都是新的成功机会。

> 捕捉住任何学生有成功表现的时刻，哪怕这成功再怎么不起眼，然后作为证明他们能力的证据给他们看。

不接受学生的失败，也不允许他们自己接受失败。失败，只不过是准备的不充分而已。重要的是，要证明给学生，当他们准备充分了，就能成功了。

捕捉住任何学生有成功表现的时刻，哪怕这成功再怎么不起眼，然后作为证明他们能力的证据给他们看。如果学生成功了，表现出了你期待中的水准，要着重指出来。用学生自己的表现来证明他们的实力，并告诉他们：“这就是了。这就是我所说的结果。这就是你的真正实力。你是名优秀的学生。现在，去拿出更多优秀的表现给我看吧。”

警惕学生的消极想法、抱怨、牢骚以及失败主义的态度，也不允许他们这样。这些表现会摧毁学生树立的学业上的自我形象，紧随其后的必然是失败。

要认识到你自己的负面想法、态度和感情，不要将它们带到课堂中去。不然，无论你多么努力，你都无法掩饰它们。它们会以各种微妙的方式表现出来，熄灭你学生进步的热情。

在考试或布置重要的作业前，花几分钟时间，让学生想象他们成功的情形。让他们在想象中，或者像在脑海中放电影一样经历一下完成考试或者作业的步骤，然后想象获得了他们理想中的分数。成功成为现实之前，他们需要先在脑海中看到他们成功的情形。

向学生具体展示一名成功的学生看起来是什么样子的——他的习惯、考试或做题前的准备、组织、听与说的技巧，以及时间管理。通过课堂内容、角色扮演、详细的示范以及频繁的提示，让学生将这个成功学生的形象印在脑海里。

最后，也是最重要的一点，传达信息的时候要充满激情。

千万别试图利用空洞的表扬或奉承来提升学生的自尊心，这是与真正能让学生转变自我信念、发现自己真实能力的方法水火不容的。

最后，也是最重要的一点，传达信息的时候要充满激情。你能鼓足多少激情，就表示你对学生有多少信心。

信念决定我们的未来

十二、十三岁的时候，我参加了一个冰上曲棍球球队。组织我们比赛的组织一开始找不到教练训练我们的球队，于是，几名队员的家长志愿监督我们练习。最后，在我们打完第一场比赛之后，该组织终于为我们找到了教练。教练准备在赛后见我们。那场比赛我们一败涂地，比分大概是12比0的样子。很明显，在我们的联赛里，我们队的水平远远落后于其他球队。

我们的新教练罗布走进来的时候，我和队友正坐在更衣室的板凳上。

自我介绍之后，罗布的第一句话就是："小伙子们，别为今晚的比赛愁眉苦脸了，这只不过是第一场比赛，没什么大不了的。我向你们保证，咱们会打进季后赛的。"我还记得，当时我扫视了一圈队友，发现大家面面相觑，眼神将信将疑。我想，这家伙以为自己是谁啊？难道他没看比赛吗？我们糟糕透了，怎么可能打进季后赛呢？

输掉头六场比赛之后，我们却一鼓作气，轻松收获了十连胜。再一转眼，就发现我们已经在更衣室里换着衣服，准备打第一场季后赛了。难道这是一股神秘的力量起了作用，把我们神奇地变成了更厉害的选手？绝对不是。我们还和以前一样，只不过教练用一个新的与我们的实力一致的形象，代替了我们之前的不自信的形象。这个变化并不能保证我们能够赢得每一场比赛，它所起到的作用，只不过是让我们能够在比赛中尽可能地发挥我们真正的实力。对于你的学生也是这样。从本质上说，你只是帮助你的学生，让他们不要让自己成为自己路上的绊脚石，解放他们的自我，以便他们能够发挥出最高水平的实力。

那一年，我们输了季后赛，但是我却对教练刮目相看了。事实上，我看待一切事物的眼光都不一样了。我得到的教训是：我们对于自我的信念能够深深地影响我们未来的走向。这不是什么新时期的迷信，这只不过是意识到了，自我的负面信念能够破坏我们成功的机会。

我的亲身经验告诉我，如果我们能够帮助学生真正地认识到他们的自我形象和真实的实力，那么我们就会见证他们在学业表现上的巨大进步，我们就能将他们引向通往机遇与成功的道路上，坚定不移。

Tips 实践指导

1. 几乎所有的孩子，在自我认识的基础上（他们自认为这种认识是真实的），都会为自己树立一个作为学生的自我形象。这种认识往往是对自我的不准确地低估。
2. 要打心底相信，你的学生当下就能有更高水平的表现。
3. 利用所列举的技巧，帮助学生将低估的自我形象转变为与他们真实能力相一致的自我形象。
4. 要意识到，学生的表现只会达到他们认为自己能够达到的那个水平，不会更高。因此，关键是集中精力将他们的自我形象提升至与他们的真实能力相一致的水平，这对于大多数学生来说，将会带来学业表现上的大幅提升。

教学诀窍 | 7

教师要在关键时刻勇于负责

- ☑ 每年让自己班级的学生高高兴兴，遵守纪律又有礼貌。
- ☑ 你能够影响学生，将课堂打造成智慧课堂。
- ☑ 只有当学生的行为具有危险性的时候，才把他们交到校长办公室处理。

当时是早上8:05分，早课铃声已经打过10分钟了，而我就站在一个幼稚园班级外几英尺的地方。一般情况下，我会在外边等着，直到老师自己打开教室门，表示她已经准备好让我带走她的学生了。然而，又等了5分钟之后，我自己打开了教室门，担心她别是忘了，现在已经到了学生跟我上每周一次的体育课时间了。

走进教室的时候，我注意到有几个学生坐在女老师椅子前的地毯上，已经做好了开始新一天的准备；一些同学在收拾着东西；剩下的学生在老师努力地驱赶下正朝地毯走过来。她疲惫不堪，抬头看着我说："真抱歉，他们今天太不听话了，光是让他们坐下好让我点名，就花去10来分钟了。"

"没事儿。你什么时候准备好了，我再带他们出去。"女老师椅子前的地毯分成了一块块的方块，上边绣着号码，她让学生坐在各自对应的号码上，然后开始点名，最后回头看了看我。"好了，他们都归你了。"她说，"还得重申一下，真不知道他们今天是怎么了，虽说他们大多数时候也不是很乖，但是今天……"

决定学生如何表现的不是学生，而是我们教师。

女老师开始伏在桌子上处理工作文件的时候，我让学生安静下来，排好队伍。我真挺喜欢这位老师的：她很友善，爱笑，我在她跟前感觉不拘束。我领着学生走出教室，然后指示领队的学生带着他们站到教室外大约30英尺处人行道上指定的一块空地上。我一只手关上身后的教室门，身子还面对着他们，监督着他们。关门的时候，我本能地往教室里探着身子，想对那位女教师说点儿什么。

老师决定学生如何表现

一般我不会对别的老师如何管理班级指手画脚，而且我觉得这样做也是明智之举。除非其他老师主动征询意见，不然就与我无关。然而，这位女老师过去却向我透露过，她不喜欢现在的工作。她特别想做的是要么辞职换个职业，要么调到另一所坐落在富人郊区的学校工作。所以，我才探身对着教室里的她说："决定学生如何表现的不是学生，而是我们教师。"

她叹了口气，回答道："我知道，恐怕你是对的。只不过比起责怪我们自己来，责怪学生更容易。"

我想，她并没有完全理解我的意思，或者她没注意到这样一个事实：有些老师，他们的学生一年接一年，总是高高兴兴，循规蹈矩，又有礼貌。谁在他们的课堂中学习并不重要，重要的是他们，而不是学生自己，能够决定学生如何表现。许多老师都没注意到这一点，他们的信念恰好与此相反：他们相信学生自己能决定自己如何表现，决定他们每一天如何度过。无数次我听到以下类似的抱怨：

今年我班上的学生真难缠，学校把这个包袱甩给了我，没办法，我只能努力熬过去了。

我的学生总是大声嚷嚷，都要把我逼疯了，但是今年我摊上的学生却很渴望学习知识。

今天他们总是交头接耳，真不知道他们脑子里边在想什么。一定是因为今天是周五的原因。

我听说马上要升上来的四年级学生太难管了，这又要是漫长的一年了。

这一周我班上的学生特别能吵闹，一刻也不消停，不能安静待在座位上。我想是因为下雨的天气让他们躁动了吧。

今年的学生没有去年的学生那么专心听讲。希望明年学生会好些。我要祈祷了。

不论何时我听到类似的表达，我的想法都一样：这些老师已经把这种学生行为管理的水平当作既定事实无奈地接受了，这种水平是远低于有可能达成的，对最佳教学最有效的学生行为管理的水平的。事实上，不论学生是谁，不论是什么情况，这些老师都有能力对他们的班级施加影响，将他们塑造成理想中的行为端正的学生。

关键在于老师

要改善状况，首先要做起的，就是为课堂中发生的一切情况，包括学生的行为表现负责。如果学生没按要求表现，原因就在于你管理班级的方式不对。问题不在于学生，而在于老师。

如果你觉得自己只能听任学生摆布，那么你就是在严重地限制自己作为教师的作用。这种思维方式会削弱你作为老师的一切努力，让你无力做出好的改变。

年复一年，优秀的老师常常从其他老师那里听到类似这样的一句特别的评价 ：“你太幸运了，你班里的学生表现那么好，我真希望我的学生跟你换一换就好了。”这样的评论令人讨厌，对此你还真是无力回应，除非你甘愿冒违反职业礼节的风险。

> 你可能会听到这样的借口 ：“好吧，老师和学生的个性就是不合。”骗谁呢，是老师没起到该起的作用。

对于这样的话，标准的回应是类似这样的回答 ：“是的，这个班级的学生很乖，谢谢。”这样的回应方式还不错，因为能快点结束这样无意义的谈话。然而，优秀的老师心底特别想做出的真实回应，是告诉他们 ：“你难道从没注意到每年我班里的学生表现都很好吗？学生们这样，可能原因不在于他们自身，而在于我。”当然，优秀的老师并不这样回应，因为这会显得刻毒，听起来太自大，但是这话绝对包含着真理。关键不在于学生，而在于老师。

因为老师的缘故，学生的表现第一年和第二年可能会发生变化，有时候这种变化还很显著。这并不是什么新闻，每个校园都有这样的事情发生。今年还有行为问题的学生，第二年就行为端正了，甚至还表现很好。你可能会听到这样的借口 ：“好吧，老师和学生的个性就是不合。”骗谁呢，是老师没起到该起的作用。个性与这种学生表现不好无关。

当你能够放下诸多借口，并为你的课堂负起责任的时候，情况就会好转了。承担责任是做出必要改变的动力，能让你获得对学生的强影响力和对班级的成功掌控。一旦你不再为学生的不良表现寻找借口，你就能发现那冰冷残酷的真相了："真的不是学生的问题，问题在我自己身上。我需要学习一些新的技巧了。"然而，这样的觉醒，却能够帮助你打破瓶颈，使你的那种能够对学生施加影响的潜力发挥至无限。

如何巩固权威

每次你将学生交到校长办公室处理，都会削弱你的权威。要学会自己解决问题，通过让学生为自己的行为负责，树立你的权威。

不管你是谁，在教学过程中都会遇到挑战——尤其是在学年开始，你设定好教学计划的时候。然而，当学生做出不良的行为选择，逾越规则的界限之外的时候，不要举手投降，说："好吧，这是因为叶芙特这周是与她爸爸（或者妈妈）生活所导致的。"找类似的借口，就等于是说对该学生（也是对你自己）不再抱有希望，把学生交到校长办公室也是如此。

你将学生交到校长办公室处理的唯一理由，只能是在学生做出了危险行为的情况下，需要将其记录在案。不然，你就自己处理。把学生交给校长处理的时候，就等于是对该学生，对班级其余的学生，以及对校长宣布，你没有能力完全掌控班级的管理。而且，这也不利于提升你今后处理问题的能力。每次你将学生交到校长办公室处理，都会削弱你的权威。自己解决问题，通过让学生为自己的行为负责，巩固你的权威。

打造你理想中的课堂

为课堂营造适合所有学生不受干扰地学习的自由氛围，完全是做教师的你一个人的责任，这同时是学生的权利。若有学生在你教室里与朋友交头接耳，扰乱学习的过程，不要把原因归咎于他们身上，埋怨他们话多。相反，立刻制止他们，重新申明你的要求。明确地告诉他们你的要求，任何低于要求的行为都不予接受。当你选择为自己的课堂承担责任的时候——无论是成功的还是失败的，无论是表现好的还是表现差的，你就会立刻成为一名更优秀的教师。你的班级就是一个管弦乐团，接受指挥这个乐团的只有你自己这样一个事实，能够将你从束缚着许多教师裹足不前的错误信念中解放出来，这个错误信念就是：

为学生的不良行为找借口，或者是接受这样的借口。

对与各种不良行为视而不见，反而将精力集中于解决问题的方法与可能性，这样的老师，便具备了打造真正理想课堂的能力。

无论班级怎么轮换，你摊到什么样的学生，你都应该要求学生要有礼貌，要行为端正，并且你也有能力让他们做到这一点。这是可行的，如果你不这样想，就是大错特错了。每天都有老师默默地这样做着，你明白这一点，就是因为你明白了原来他们就是那些“幸运”的老师，每年班里的学生都表现良好。

Tips 实践指导

1. 你也可以做到每年让自己班级的学生高高兴兴，遵守纪律又有礼貌。
2. 你不应听任学生的摆布。你能够影响他们，将他们打造成你理想中的学生。
3. 只有当学生的行为具有危险性的时候，才把他们交到校长办公室处理。平时，你要独自处理学生的行为问题，让他们为自己的行为负责。
4. 为课堂发生的一切事件（包括你学生的表现）负责。这样做，会赋予你打造真正理想课堂的能力。

教学诀窍 | 8

如何教每个孩子学会对自己负责

☑ 责罚的界限不明确、不坚定，就没有实际效果，也会在课堂中造成紧张的氛围。

☑ 一旦设定好责罚的后果，并且明确地将其传达给学生，就千万不要摇摆不定了。

☑ 学生违反了规定，不要立即做出回应。放慢你回应的速度，别在情绪上受影响。

我们的学校常常对责罚的重要性大加宣传，但却很少能恰当地利用责罚。大多数老师会告诉你，让学生为自己的行为负责，要把这当作优先事项。但是，责罚往往仅仅被用作威胁学生，或者是最后的无奈之举。教师对于利用责罚作为学生行为管理的手段似乎有一些顾虑。有些老师担心，如果他们不给学生留一定程度的回旋余地，他们会显得没有肚量或者过于死板。另一些老师倒是有让学生为自己的行为负责的意图，但是到头来却没有切实地履行责罚的承诺。我相信，模糊不清或者不坚定的责罚界限对于孩子是有害的，也是不公平的，而且会在课堂制造一种过分紧张的氛围。

谁掌管课堂

我隔壁教室的老师在教室里张贴了课堂守则，但是在管理班级的时候却很少利用这些守则的规定约束学生。相反，她那个四年级班级的管理是通过赤裸裸的争吵来完成的，因为她责罚的界限模糊不清，于是常常诉诸于空洞的威胁、批评以及争吵来约束她的学生，让他们按照她期望的标准表现。这样的方法，其结果就是课堂氛围紧张，老师筋疲力尽。

她班里有个学生叫艾伦。艾伦对她的班级管理方式进行了抵抗。他每时每刻都要挑战她，而且意志坚决，要从她手中夺回班级的控制权。他常常也成功地做到了这一点。此外，其他的同学从艾伦的行为中得到了暗示，也开始效尤了。

作为音乐与艺术课轮转计划的一部分，艾伦按计划每周五的下午将到我的课堂听课。我已经远远观察他的恶作剧很久了，现在，他终于要归我管理了。我非常期待接受这个挑战，将他纳入监督之下。轮转课第一天开始前，那位女老师就找到我，告诉我说，要给艾伦充分的自由，他才会表现好点。她还提到，如果有必要，我应该把他交到校长办公室处理。不过，我知道这两个选择都不适合我。艾伦和其他所有学生一样，必须遵守我的规则。

让责罚后果发挥作用

听我解释课堂守则不到5分钟，艾伦就坐不住了，开始在教室里四处走动。我整理好的准备上艺术课用的那些教学用具，艾伦捡起来在手上来回掷着玩。他知道，这正是能让我恼火的做法。他是要让我明白，他设定的计划，就是让我知道他要在班里为所欲为。

然而，他错了。我才是这个课堂的领导者、决策者。我命令他回到自己的座位，给了他一个正式的警告，告诉他，如果他选择违抗我的指示，那么他就不用上前半节课了。我的语气尽管不友善，但却是平静的。学生违反课堂守则的时候，我喜欢装出一种淡定的态度，不喜欢自己在情感上受到任何影响。我不做个人的评判，也不训斥学生，而是让责罚的后果发挥作用。不要用其他的手段，一切交给责罚，这样的效果最好。

每当学生做出这种叛逆的行为，尤其是以夸张的方式表现出来的时候，我都喜欢冷处理。

艾伦走回座位的时候，将一块压舌板扔到了墙上以示抗议。起先，我不做出任何回应，也不将艾伦的行为看作是针对我个人的。我知道，这只是他惯用的伎俩，试图肯定他对教室的控制权和支配权。每当学生做出这种叛逆的行为，尤其是以夸张的方式表现出来的时候，我都喜欢冷处理。这样做，会突出他们行为的荒唐，也会在他们身上制造一种期待心理。他们会好奇我会怎么回应。这样对我有利，让主动权掌握在我的手上。

在一段长时间的沉默之后，我告诉艾伦，我会给他一张桌子，与其他同学分隔开来，前半节课他只能在那里看着别人上课了。我还告诉他，如果他捡起那块压舌板，站直身子，恭敬地听课，那么课上到一半的时候，我还会邀请他加入进来。如果他违抗我的指令，那么他就要错过整节课了。我清楚，我备的课生动有趣，学生们肯定会度过一段愉快的时光。我迫不及待地想开始上课了，让艾伦等着遗憾吧。

艾伦捡起压舌板，放回原处，坐了下来。他气鼓鼓的，但是我毫不在意。他的感受与我、与课堂无关。但是他可以生气，他有生气的自由。坐了一会之后，他大叫道：“你凭什么让我待在这儿！”

我并不打算回应他的话，纵容他。那会让他掌握主动权的。又过了一段长长的沉默之后，我平静地告诉他：“我很抱歉，艾伦，但是你不得不错过整堂课了。如果你接下来上课的时间里，不能消停地坐着，我会给你父母写一封信，向他们说明一下今天发生的一切。”

考虑到艾伦的表现，我意识到他家里可能也不会给予我多少支持，但是这不是写这封信的意义所在。这封信的意义在于，让艾伦在更高的层面上为自己的行为负责。学生不得不亲手将信交给父母并让他们签字，就是被逼迫着承认自己在学校表现不良，并为此负责。让孩子把信亲手交给父母或者监护人，并且要求他们签字，算得上是重大的责罚后果。

只有当违规的学生感觉到他们错过了一些重要的东西，用暂停他们参与课堂作为责罚后果才会有效。

接下来的日子，艾伦的每个课间休息，都要与我一起度过，直到他把信交回给我。在处理这种师生关系的前期，与他们一起度过一次或更多次的课间休息是值得付出的努力。一旦你证明你会坚持到底，让学生为所有违反规则的行为负责，大部分问题最后都会迎刃而解。

坚持到底

艾伦坐着看我们上课的时候，班里同学在分小组活动，用为数不多的材料尽可能地建造高大的建筑模型。他们玩得不亦乐乎。这个过程中，我与他们开着玩笑，还讲了一个有趣的故事。只有当违规的学生感觉到他们错过了一些重要的东西，用暂停他们参与课堂作为责罚后果才会有效。艾伦安静地坐着看我们上完了前半节课，然后举起了手。我朝他走过去，问他：“什么事，艾伦？”

他非常礼貌地问道："我可以加入哪个小组吗？"

"抱歉，艾伦。我说过了，你要错过整节课了。如果你遵守课堂规则，下一周可以加入我们的小组活动。"

他听了，大叫道："这不公平！"

我没有对他的话做出回应，但我确实说了："我会交给你一封信，你放学后带回家。如果明天上课前你没把信交回给我，你会失去明天的，甚至以后每天的课间休息时间，直到你把信交回给我。"

> 不坚守我对他的惩罚就会向艾伦、向其他同学传递我不值得信任的信息。

艾伦在摆布老师这方面是老练的。安静地坐了半节课之后，他认定如果他足够礼貌的话，我一定会做出让步，允许他加入班级活动。这是他过去与其他老师打交道时得来的经验。但是，对我来说，让步就会削弱我营造一个自在互信的学习环境的努力；不坚守我对他的惩罚就会向艾伦、向其他同学传递我不值得信任的信息。这会在教室中营造出一种紧张不安的氛围，一旦这种氛围形成了，之后哪怕你再努力，它都不会完全地消失。信任，在老师与学生之间至关重要，如果你说话不算数，你就难以赢得信任。

那天放学的时候，我提前一分钟下课，以便在艾伦出教室之前，就能把他堵在他教室外边。我把家长信递给他，提醒他说，我希望明天早上来学校的时候，信已经签上了家长的名字，交回到我手里。然后，在艾伦有机会跟我争论之前，我就转身朝着行政办公室走去了。

与学生争论，绝不是个好主意。我经常看到老师与学生争论，但是这样做一点儿好处都没有。关系到课堂规则与责罚后果的地方，不应该有任何商量的余地，因为每次你为规则破例，你就是在播下问题的种子，未来就会出现各种各样的问题。

我朝着办公室走去的时候，注意到艾伦的母亲正慢慢将车停到马路的边缘，准备接艾伦回家。其实我是有时间走过去跟她母亲谈谈的，但是这样做将会削弱我让艾伦自己跟他母亲谈的效果，因为老师常年叫她来学校，她对艾伦在学校的问题是了如指掌的。我想做的，是让艾伦亲自面对一个选择：是选择遵守课堂的规定与要求，把家长信拿给父母签名，还是冒一下险，看看林辛老师他所说的是不是动真格的。我是希望他能在第二天早上把信交给我的，但是对此我也不抱太大期望。

我打算将责罚后果执行到底，是因为我关心艾伦。我想帮助他在行为上做出好的改变，改善他的性格——这对所有与他相关的人都大有裨益，但对艾伦来说尤其如此。要做到这一点，我就要坚持让艾伦遵守学校的行为标准，这样的标准是优秀的学生都要遵守的。

行为上的转变

第二天早上，我在艾伦的教室外边等他，教室内学生正排着队。我想让艾伦明白，他是我优先照顾的对象。艾伦到校后，径直朝我走来，同时装出懊悔的样子，说："我忘了信了。"

我回答道："好吧。那么，我们就课间休息见吧。"说完我立刻转身走开了。

我提前一分钟下了课。艾伦走出教室的时候，我就在教室外等他了。

他的老师也跟着走了出来说道："嗨，林辛老师，有什么我能效劳的吗？"

"不用了，谢谢你。"我说，"我和艾伦之间有问题要解决。"

我和艾伦走到了一条长凳边，命令他坐下。令他惊讶的是，我坐在他旁边，利用这段时间批改起作业来。我没再和他说话，但是不一会儿他就憋不住了，对我说道："我踢足球很厉害。"

我答复他说："艾伦，我很愿意在其他时间跟你谈论足球的话题，但是从现在到课间休息结束前，你都不准讲话。"课间休息结束的时候，我送他回教室。路上我和他聊了会儿足球，谈话短暂但却愉快。

老师们常常严辞厉色，威吓学生做出不再违反规定的保证，但是殊不知，这些都是空洞的许诺罢了。

他快要进教室的时候，转过脸，对我说了一句："拜拜，林辛老师。"

"不要忘了家长信，艾伦。"

第二天早晨，艾伦仍然没交家长信给我，我们又一起度过了一次课间休息。而且，这一次，我送他回教室的时候又进行了一次愉快的谈话。这一回，我稍微对他透露了一些有关下周艺术课的情况，提醒他如果想加入进来，他就得把家长信交回来，并且遵守我的规定。

又过了一天，一大早我就听到了敲门声。我打开门，发现艾伦手里拿着签好的信，伸手递给我。他很为自己骄傲，微笑着，看起来为能取悦我而感到兴奋。我接过信，平静地对他说："谢谢，艾伦。很高兴你能加入我们班级活动了。我们一定会很愉快地度过周五的上课时间。"

没理由再与艾伦更进一步地讨论他的情况或者逼他做出什么保证

了。老师们常常严辞厉色，威吓学生做出不再违反规定的保证，但是殊不知，这些都是空洞的许诺罢了。他们按照老师希望听到的作保证，只是为了尽快摆脱与老师的谈话。行动胜于空谈虽然是陈词滥调，却也很贴切。艾伦把信交回给我，就是用事实表达了我想听到的一切。

在接下来直到艺术轮转课开始前的几天，艾伦见面时跟我说“你好”得有不下十来次。尽管大部分时间他乖戾、不讨人喜欢，但是从那次事情开始，他一直对我很友好。你可能会认定，我严格地坚持我的那些规定，一定会让爱捣乱的学生讨厌我，但是我却发现事实正好相反：他们挤破了头想要讨好我呢。

对付问题学生时，我遵从以下几点原则：

我对待他们时尊重他们，甚至态度亲切；

我批评他们时对事不对人，也不训斥他们；

我与他们谈话，不多于我与其他学生的谈话；

我不会心怀芥蒂；

我言出必行。

这些喜欢捣乱的学生，在其他老师那里，很少受到这样的待遇，于是他们会心存感激。这也让我可以要求他们在行为上不犯过失。之后，当他们完成了该尽的义务之后，我会张开双臂，以欢迎的姿态邀请他们重新加入我的课堂。然后，我对所有的学生都会声明清楚，我们的课堂是一个神圣的地方，谁打破课堂的和谐，都会成为不受欢迎的人。

艾伦跟我打招呼的时候，我总是回敬他“你好”，但是我对待他，和对待其他学生没什么两样。由于艾伦粗暴的个性和糟糕的表现，他很少会得到和其他学生无区别的对待。太多时候，他的老师要么对他冷言责备，要么又过于热情：这两种方式在我看来都是不可取的，都是一种屈尊俯就的姿态。我想让他感到他是正常的，而不是像他常常被看待的那样，是一个学校的弃儿。我不区别对待他，就是想以这种微妙的方式，强调我对他的要求和对所有其他学生的要求都是一样的。

在接下来的那一节艺术课上，艾伦的表现虽然不是无可指摘，但是比之前却进步多了。在上课头十分钟的时候，我给了他一次警告，之后他就规矩了。在接下来该学年的艺术课上，除了一次偶然的警告，他一直行为端正。该学年开始时，我执行责罚时的坚定与坚持，设定了我们这段关系的良好基调，也让这一年剩下的日子里都为此而受益。

只是鼓励并不管用

不幸的是，艾伦在上其他课的时候，情况却并非如此。我常常能看到他吊在教室外边的栏杆上，而他的老师就在一旁央求他进教室。在操场上，他就更是个定时炸弹了，但遗憾地是，他像时钟一样，每天都会准时出现在操场上。他的老师告诉我，她不想剥夺他的课间休息时间，因为他太有活力了，如果剥夺了他的这项权利，他的表现可能会更糟。

> 艾伦用他的糟糕表现绑架了他的课堂，让班里的学生大部分的时间里都不能安心学习。

艾伦用他的糟糕表现绑架了他的课堂，让班里的学生大部分时间里都不能安心学习。作为回应，老师却只是小心翼翼地围着他转，给了他太多的自由空间，希望他会有所收敛。她还搬了一张桌子，放到抵住教室前边墙壁的地方，让艾伦坐在那里，与其他学生无限期地隔离开来。

有一天，我猜艾伦的老师是受够了艾伦，因为副校长找到了我，问我愿不愿意参加一个有关艾伦的会议。心理咨询师、心理学专家、艾伦的老师、他母亲，还有行政人员都会出席这个会议。我答应了。然后几天时间不到，我就发现自己已经在一间会议室的后部坐着了。发现艾伦也在场的时候，我有点吃惊。他坐在椅子上，皱着眉头，低头盯着地板。

会议的开始非常顺利，艾伦的老师一项一项地罗列着他违反规定的行为。艾伦的母亲也是这样。然后，校长问了艾伦几个问题，大都是“艾伦，你觉得你表现糟糕的原因是什么”之类的问题。大多数时候，艾伦一声不吭，除了有几次嘴里咕哝着“我不知道”。会议并没有什么特别的议程，不一会儿我就开始纳闷我们到底是为什么开这次会的。

在一阵尴尬的沉默之后，心理咨询师说：“艾伦，我们知道你一定能做到的，你那么聪明。”这句话算是打开了闸门：在艾伦的老师抚摩他肩膀的时候，接下来几分钟其他人都是以这种空洞的口气说着：

“艾伦，我们知道你一定能做个好孩子的。”

“艾伦，你知道你该做什么，我们都在这儿支持着你呢。”

“艾伦，你能做到的。”

“艾伦，记住，每次你生气的时候，你都可以来找我谈心。”

“艾伦，我们就在这儿支持着你呢。”

“艾伦，你那么聪明。”

到现在，艾伦已经开始无声地啜泣了。当人人弯着腰，朝艾伦低声细语地说着鼓励的话的时候，我向后靠着椅背，抱着胳膊，翘着二郎腿，以这种姿势，用这种通用的肢体语言表示着“我对于现在发生的一切都不能苟同”。在某一时刻，校长问我我是怎么想的，然后所有与会人员都转身面向了我。我回答道：“我认为，我们应该让艾伦为他的行为负责。”他们疑惑地看着我，就像是在说：“这还用说，我们已经责罚过他了。”很明显，我们对责罚的定义不同。

我们浪费着时间，花言巧语地哄着艾伦。但是，我们真正需要做的，是帮助艾伦的老师设定一套明确的课堂守则与要求，以及违反了这些规定所要承担的责罚，这些责罚，也不许有任何商量的余地。

连哄带诱，让艾伦保证会更努力地表现好点之后（不管艾伦真正的想法是什么吧），会议就结束了。艾伦从椅子上起身的时候，看了看我，我们短暂地交流了这片刻时间。他羞怯的表情，揭示了他因为流下的虚假的眼泪而感到的尴尬。他躲开我的目光，走出教室的时候，我无奈地摇了摇头。

与会的成年人满面笑容，但是可以预料，不用几天，艾伦和他的老师就又回到了他们的原点。

孩子想要为自己的行为负责

像艾伦这样的孩子，如果我们不让他为自己的行为负责，我们就是在令他们失望。在内心深处，像艾伦这样的学生是渴望能为自己的行为负责的。他糟糕的行为正是这种渴望的疾声呼吁。他走进我的教室的时候，你能看到他脸上放松的表情，因为在这里，他清楚我对他的要求，知道我课堂中规则的界限在哪儿，也明白如果他冒险逾越了这些界限，他会承担什么样的后果。和所有学生一样，他也欣赏这种在规则界限之内享受自由的奇妙感觉。永远不用看老师的怪念头或者心情行事，能知道这一点，会让他们很放松。那是一个有安全感的合理世界。

在内心深处，像艾伦这样的学生是渴望能为自己的行为负责的。他糟糕的行为正是这种渴望的嫉声呼吁。

你是否曾经走进一间课堂，空气中充满紧张的氛围？有些课堂——那些对于学生行为的规则界限定义不明确的课堂，就会一直给人这样的感觉。规则与要求朝令夕改，学生今日不知明日的要求。有的时候，规则的界限可能将他们逼得很紧；又有的时候，这些界限可能甚至都不存在了。它们存在与否，全依赖于老师心情如何。

有些老师不喜欢在教室里张贴课堂的规定，让学生为自己的行为负责，因为他们觉得规定似乎太具有威胁性了，他们害怕学生会觉得他们苛刻、狠心。

在没有责罚标准的教室里，老师会用嘲讽、贬损或者大声的训斥来获得对局面的掌控。

然而，事实恰恰相反。在没有责罚标准的教室里，老师会用嘲讽、贬损或者大声的训斥来获得对局面的掌控。没有明确的规定和责罚后果的课堂往往是专断的，是对学生非常不公平的。只要在这样的课堂里安排一个像艾伦这样的学生，那么就有了学习环境被严重扰乱的潜在威胁了。一位老师，如果有着能让学生为自己行为负责的明确的纪律规划，就不会感到需要用那种伤害学生自尊的方法来掌控局面了，而且也便有了在任何情况下都保持沉着的能力。

■ 让孩子为自己的行为负责有利于他们的成长

今天的孩子，似乎比以往更加不愿为自己的行为负责，他们动不动就把责任推到别人身上，为自己的糟糕表现寻找借口，但是你猜怎么着，错误还真不在他们自己身上。错在他们身边的成人身上。这些成人，由于种种原因，诸如保护孩子的自尊啦，想做孩子的朋友啦，或者由于自身糟糕的领导力，他们做不到通过要求孩子为自己的行为负责而教给他们人生宝贵的毕生受用的一课。

在生活中，不管是好的还是不好的行为，为自己的行为负责都可以减少生活的压力，提升自己的自尊，并且能让人以最适当、最深获人心的方式变得谦虚起来。它能帮助人树立正直的人格，让你变得更加诚实，更能体谅他人。当然，这些品质很少是与生俱来的，需要有一个强力的领导者，愿意做出恰当的决定，让学生为他们自己的行为负责，然后他们才能获得这些优秀的品质。

责罚是行得通的，对于孩子的成长也是有利的，再辅之以有趣的课堂教学与老师的自信，我们得到的结果就是一个没有压力的学习环境和幸福的学生。

关于学生行为管理以及测试分数的一点思考：

许多政客和教育界的领导者大手大脚花着纳税者的钱财，执着于追求教育方面最新的改革风潮和改革计划，希望能找到让学生取得更高成就，获得更高测试分数的要诀。但是，除非他们能致力于有效的学生行为管理，他们的这些措施没有一个能起作用。

那些尤其擅长学生行为管理的老师，他们的学生总是成就更高，测试分数更好，唯一的原因就在于这些学生在课堂上经历的打扰更少，对于学习的接受能力更强，能在每天上课时完成更多的学习任务。

Tips 实践指导

1. 责罚的界限不明确、不坚定，就没有实际效果，对学生不公平，也会在课堂中造成紧张的氛围。
2. 一旦设定好责罚的后果，并且明确地将其传达给学生，就千万不要摇摆不定了。
3. 学生违反了规定——尤其是方式夸张的时候，不要立即做出回应。放慢你回应的速度，而且不要在情绪上受到该行为的影响。
4. 你有责任毫无例外地、不折不扣地对学生施行责罚措施。
5. 不要对学生做出对人不对事的评判，也不要训斥他们。就是单纯地责罚他们，让责罚发挥其该发挥的作用。
6. 不要与学生争论，这样做从来都不会有任何好处。

教学诀窍 | 9

如何提高教师讲故事的能力

☑ 擅长讲故事，能让学生为之着迷。

☑ 讲故事是一种强大的激励手段，可以在激起学生对于上学的兴趣方面发挥重要作用。

☑ 讲故事是教书育人的真正乐趣之一。加以锻炼，任何人都能做好。

人人爱听有趣的故事，但我却喜欢讲更有趣的故事。作为老师，我所做的任何事都比不上讲故事更能激起学生热烈的反应。和阅读很相似，学生听人讲有趣的事，会有种被传送到另一个时空的错觉。但是，如果讲故事的人就坐在他们面前，亲口对他们讲述欢乐的探险或者与一位新朋友的神秘结识的时候，这种错觉会更加真实。我希望可以通过各种可能的方式接近学生。而且，我发现讲故事的方式，在激起学生对学习的兴趣方面，其能量是无可匹敌的。

我喜欢讲述我自己生活中所发生的故事。只不过在讲述的过程中，我会添加一点悬念，或者加上一些超自然的元素。一开始我讲的故事，基本上是关于童年时期的种种越轨行为的。而现在，我故事的内容几乎无所不包。我讲故事的时候，喜欢事先在脑子里打好草稿，但绝不是事先熟记下来。故事，听起来不应该有斧凿的痕迹。我想让学生有一种第一次听到故事的自然感觉。

寻找好的故事素材

> 就在我听他讲话的时候，一个念头迅速地从我脑海中闪过：他看起来像一位超级英雄。

我总是留意着寻找好的故事素材。如果我遇到一件稀罕事儿，或者是看到一件不寻常的事情，或者即便是一件寻常的事情吧，但是只要它能激起我创造的激情，我就会仔细地观察，然后将它加工成一个有趣的故事。我给你讲个最近的例子吧。一天，我正在参加一个晚宴，突然发现坐我旁边的男人，之前从未见过。我们握了握手，自我介绍了一番，然后我询问他是做什么工作的。之后我们交谈起来，涵盖的话题非常广泛，从体育到政治，不一而足。他个子高高的，衣着很考究，头发整齐地分向了一边，梳得一丝不苟。就在我听他讲话的时候，一个念头迅速地从我脑海中闪过：他看起来像一位超级英雄。

一位神秘的朋友

那天晚上快结束时，另一个朋友也加入了我们的谈话。这时，那位陌生朋友提到他常常跑步。我和那个新加入谈话的朋友，每周六早晨都会和一伙朋友一起跑步锻炼身体，于是我们问他愿不愿意加入我们，和我们一起跑步。他表示愿意，于是我们从这以后就成了好朋友。这样的故事，算是有趣的故事吗？

但是，如果我在故事讲述过程中，向我的学生透露说，我新结识的那个朋友，名叫布鲁斯，他不愿意告诉我他的职业——除了提到他的工作涉及到法律与正义的维护，那么这个故事就变得非常有趣了。善于讲故事的秘诀之一，就是往故事中增添足够多的现实主义色彩，以至于让听众很难分清现实与虚构的界限。以下就是我给学生讲述的有关布鲁斯的故事的手抄本：

我与新朋友布鲁斯的故事发展得越来越奇怪了，我希望你们能帮我揭开这道谜底。我们第一次在周六一起跑步的时候，发生了几件不寻常的事情。我讲完这个故事的时候，希望听听你们的看法。

那天，我把车慢慢地停到中学前边的马路边缘的时候，已经有点迟了。我和朋友们喜欢在学校的足球场上跑步。这个特殊的足球场的场地两侧是高高的看台，观众平时就坐在看台上观看比赛。我看了看停在身边的汽车，认出这几辆车全是我朋友的。我有点失望，因为布鲁斯还没到呢。我想，他可能不打算来了吧。我穿过一道大门，来到了球场，注意到前来和我一起跑步的四个哥们儿已经在热身了。我也开始了热身。我想尽快完成热身运动，我们马上就要开始跑步了。

我们喜欢在球场的红色橡胶跑道上跑步。跑道很软，每一圈恰好是四分之一英里长，也便于我们衡量我们跑步的距离。我做了几个俯卧撑和仰卧起坐，完成了热身运动，便和朋友开始了跑步。就在我们刚跑完第一圈的时候，我看到布鲁斯朝我们跑了过来。他穿着黑底黄边的耐克跑鞋，两侧分别有一条细黄条纹的黑色运动服。和那天晚上一样，他的头发还是那么得一丝不苟。他为迟到表示了歉意，然后便和我们一起边跑边聊起了天。他跑步的时候，看起来几乎像是飘在地面上似的。我能看出来，他身体状态极佳。

我们跑了大约有四十分钟，这对于布鲁斯来说，看起来并不算多大的事，即便在我们最后几圈急速冲刺的时候，他还能开口讲话，并不显得费劲。跑完步的时候，我们来到了看台前边的一块长方形空地上，那里四处散着几把折叠椅。紧贴着离看台第一排座位最近的隔墙处，还有两个大约两英尺高的小石凳子。我坐在其中一个石凳子上，布鲁斯坐在另一个石凳上，其他朋友坐在折叠椅上。我们一边补充水分，一边开心地讲着笑话。布鲁斯喝着一种看起来很奇怪的叫做“雷达燃料”的运动型饮料。饮料的颜色呈淡绿色，当阳光照射到饮料的液体表面时，能看到瓶子里一个个像蒙了一层油似的红黄蓝三色漩涡。我问布鲁斯，我能不能尝一口他的饮料。但是，就在我张口发问的时候，他一口喝光了饮料，说：“不好意思，我太渴了。”

我们聊天的时候，我用毛巾擦着脸上的汗珠。那天天气很热，我们出了一身汗。但是，我仔细地观察了布鲁斯，却发现他身上干爽，和跑步前没什么两样，似乎根本没出过汗。我们凉快下来后，便站了起来，朝通往球场外的大门走去。就在那时，我听到其中一个叫马克的朋友大喊一声“小心！”。

我急忙低下头，趴在了地上。我趴下的时候，往天空中瞥了一眼，发现有发亮的红色物体从天空中落下来。“啪！”那个物体落到地面时爆裂开来，水溅得四处都是。原来是只装满水的气球。就在那时，另一只水气球，这次是黄色的，朝我们飞了过来。接着又是一只，还有一只……很快，几十只颜色各异大小不同的水气球在我们身边爆开了。这些气球都是从看台的另一边飞过来的。

我们发现天空中飞过来的物体不过是水气球的时候，才稍微松了一口气。马克说，可能是他几个年轻的侄子想捉弄我们一下。就是在那时，我听到一些奇怪的声音——至少，我觉得我是听到了。虽然声音非常微弱，但是我几乎可以确定我听到了一阵怪异的音调很尖的咯咯笑声，就像是马戏团的小丑会发出的那种怪笑一样。不再有气球飞来了。我们朝球场出口走去。我们都笑着，享受着大家陪伴彼此的乐趣。但是，我仔细注意布鲁斯，我发现他脸上有一丝担忧的神情。

我们继续走，走出球场，朝停车的街上走去。就在那时，我看到我们正前方停着一辆黑色的加长豪华轿车，一位满脸皱纹的老人倚在轿车旁边。他看见了布鲁斯，于是急忙走到轿车的后门处，以一个夸张花哨的动作打开了车门。布鲁斯看起来有些尴尬。接着，他转过脸，面带微笑朝我们挥了挥手，道了再见。我朝自己的车走了过去。我插上钥匙准备打开车门的时候，听到那位老人说："请上车，韦恩先生。"布鲁斯回答道："谢谢，阿尔弗雷德。"

讲好故事的关键要素

> 教师，天生是讲故事的好料子。我们天生擅长讲故事，因为我们曾经朗读过许多伟大的文学作品。

教师，天生是讲故事的好料子。我们天生擅长讲故事，因为我们曾经朗读过许多伟大的文学作品。不过，我们要注意，讲故事时，还有几个要素可以帮助我们吸引住学生的注意力，激发起他们的想象力。

首先，讲故事的时候，要带有感情。我喜欢把讲故事看作戏剧表演。

故事展开的时候，我想象自己正经历着故事中描述的事情，捕捉住仿佛自己身临其境的那种感受。例如，当我在前边的故事中讲到怪异的咯咯笑声时，我故意站到教室的外边，模仿着发出咯咯的笑声，这样学生才会有种身临其境的感觉。当水气球事件发生，布鲁斯离开球场的时候，我就模仿布鲁斯与其他人物的微笑表情截然不同的担忧神态。我想让学生从我将车停在马路边开始，直到布鲁斯坐进轿车的最终时刻，都跟随着我的想象寸步不离。

其次，讲得好的故事能在人脑海中勾起形象的画面。对场景和人物进行详细的描述有助于在听众脑海里形成相应的视觉形象，让听众进一步投入到故事中来。小的细节，例如布鲁斯运动服裤子两侧的黄色细条纹和水气球的颜色，能让听众的体验变得更加强烈。运动员常常使用情境设想的方法来提升自己的表现，是因为这样做的话，他们就仿佛真的在经历那些场景一样，想象的画面做出情感上的反应。讲故事的时候，我也想在学生身上激起一种类似的直觉反应。

第三，好故事应留有线索，帮助听众顺藤摸瓜，得出结论。有隐而不公的线索的故事，要比没有线索的故事更加有趣。这些线索，或是含蓄隐约的，或是显而易见的，刺激着听众据此对故事的发展做出推测。你是否注意到了所有指向布鲁斯身份秘密的线索了呢？

布鲁斯不愿谈论他的工作

黑黄相间的热身运动服

“雷达燃料”

布鲁斯运动过后也没有出汗

尖声细调的咯咯笑声

（“小丑”就是这样笑的）

一场滑稽的恶作剧引起了布鲁斯的担心

黑色豪华轿车

（布鲁斯家财万贯）

布鲁斯的管家名叫阿尔弗雷德

阿尔弗雷德称布鲁斯为“韦恩先生”

（蝙蝠侠的真名即布鲁斯·韦恩）

分享与讨论

给学生讲述那些埋有线索的故事时，随着线索的一步步展开，我能看到他们脸上露出的逐渐恍然大悟的表情。故事讲完的时候，他们会迫不及待，想要分享他们的发现与结论。我讲述布鲁斯的故事的时候，还充分地发挥了戏剧反讽的效果。从始至终，我都没有表现出我知道布鲁斯竟然还不仅仅是一位神秘的朋友，我也没让学生看出我注意到了那些线索。当学生意识到他们在故事中看出了讲故事人所不了解的信息（在本例中即是布鲁斯的真实身份问题）时，他们脸上放出了兴奋的神采。竟然比老师先发现布鲁斯的秘密，想起来就让他们感到兴奋。

学生们一语不发看着我的时候，我装作若有所思的样子，然后我瞪大了眼睛，大叫一声：“噢，我的天呀！我的新朋友原来是蝙蝠侠！”

我分四部分讲完布鲁斯的故事（现在处于第二部分的阶段）。每部分故事讲完之后，我将学生分成若干小组，每个小组围成一圈，互相讨论。然后每组选派一位代表与我分享他们的发现。起先，我不愿相信我新结识的朋友竟是超级英雄。但是，到第四部分故事讲完时，压倒性的证据让我不得不承认那有可能是真的。当我对此恍然大悟的时候，也就是故事高潮到来的时候。学生们一语不发看着我的时候，我装作若有所思的样子，然后我瞪大了眼睛，大叫一声："噢，我的天呀！我的新朋友原来是蝙蝠侠！"

令人奇怪的是，学生很少质疑故事的真实性。想象一下蝙蝠侠真正存在的可能性，要比用现实打破掉这个美丽的幻想有趣多了。在故事讲述的过程中，我暗示了——甚至有时明确表示了，我对故事的真实性不作任何保证。

如何让故事更有吸引力

先从短小的趣闻轶事做起

如果你过去在教学中没利用过讲故事的手段，先从三到五分钟长短的短小趣闻轶事做起。刚开始的时候，利用童年时的故事做素材。学生容易将自身经历与我们讲的童年故事联系起来，而且在我们的记忆中恐怕也储备了不少这样的故事素材。此外，讲这样的故事，也没必要做过多的准备。如果你想到一个故事，在早晨驱车去学校的路上，在脑子里预演几遍，然后上课时讲给学生听就可以了。

讲简单的故事

孩子是世界上最善良的听众。他们对于故事毫不挑剔的程度，简直令人难以置信，任何不寻常或者他们不熟悉的故事都能抓住他们的兴趣。所以，你要讲的故事不必精心构思，简单的线性发展的故事就足够了。

例如，最近我讲了我如何在一场婚礼上致祝酒辞的故事。在故事里，我用汤匙敲了敲闪耀的玻璃水杯，吸引了婚礼上所有人的注意力之后，却忘词了。我夸张地将那个尴尬的时刻表演了出来，而学生们则在我结结巴巴表演的过程中一直嗤嗤笑着。

故事本身没什么特别。但是，由于故事的话题是学生所不熟悉的，他们就被吸引住了。后来，他们还想加深对致祝酒辞的了解，请求我再演示一次给他们看。于是，一天我们吃午饭的时候，我们练习了一次。这非常有趣。而现在上课的时候，我和我的学生就常常举着我们的水杯致祝酒辞。

“我提议大家干杯。祝贺莫妮卡，她在今天课间休息玩游戏的时候，踢进了决胜球。干杯！”

用讲故事的方法引入新单元的学习

如果你想不出切合课程的点子，可以试着用讲故事的方法转入新单元的学习，或是利用故事导入课堂的学习。有一次，我分五部分讲述了著名埃及古物学家霍华德·卡特的故事。那时我在教六年级的学生，正准备引入对古埃及的学习。我对学生讲述了卡特1922年发现埃及国王图坦卡蒙墓穴的传说。

在我讲完故事之后，每个学生通过故事与课堂的学习结合，已经都能精确地复述这个故事，包括制作木乃伊的细节以及3000年前埃及人们的生活状况。如果将这些历史知识单独教给学生的话，学生很难将它们之间的联系结合起来。但是，现在将这些知识放在印第安纳·琼斯 式探险故事的背景下讲解，就变得兴味盎然，也不那么空洞了。

做你自己

如果你能保持真实的自我，就自然而然会讲故事了。没有人能够比你更像你自己，而你的这种独一无二就是你讲故事时的宝贵财富。要做个擅长讲故事的人，你不必具备演员的素质，也不必具有能给人留下深刻印象的能力。做你真实的自我，就能够让你的学生对你的故事产生共鸣。

将讲故事作为优先事项对待

尽管讲故事本身并不是正常课程设置的一部分，但是它对学生产生的影响要求我们必须要将它当作优先事项对待，至少每周要有几天是这样的。为故事选择与教学内容相契合的主题，这当然是可能的。但是，讲故事的主旨却在于，它能够有效地调动起学生对学习的积极性，让学生为能成为你课堂的一员而感到兴奋。

我想让我的学生有这样一种感觉，早晨的时候，他们总是迫不及待地想来到学校，而讲故事恰恰能提供这种额外的诱因。它就像是谜语中缺失的那一环一样，可以神奇地往学生身上注入对学校、对学习的激情与热忱，而这种激情与热忱正是我们所有老师在学生身上孜孜以求并倍加珍视的。

Tips 实践指导

1. 擅长讲故事，能让学生为之着迷。
2. 讲故事是一种强大的激励手段，可以在激起学生对于上学的兴趣方面发挥重要作用。
3. 讲故事是教书育人的真正乐趣之一。加以锻炼，任何人都能做好。
4. 时刻留意好的故事素材，随手准备一本笔记本。遇到一些不寻常的或者是有趣的事情时，仔细观察，做好笔记。
5. 增加一丝神秘或者超自然的元素，让普通的故事变得跌宕起伏。
6. 把讲故事看作戏剧表演，营造一种紧张刺激的氛围，带着感觉与感情将故事表演出来。另外，往故事中增添一些小的细节和生动的形象元素。
7. 故事里埋下可以帮助听众推出结论的线索。

教学诀窍 | 10

如何鼓励自卑的学生乐于展现自我

☑ 据估计，有 40% 的学生个性羞怯。

☑ 营造一种班级氛围，让所有的学生都能在学业和社交上获得成功，这很重要。

☑ 了解如何与害羞的学生沟通，是有效的教学方法中常常被忽视的一环。

我十岁大的时候，父亲结识了一位在全美橄榄球联盟打比赛的球员。那个时候对我来说橄榄球就是一切。我呼吸、活着，都是为了橄榄球。所以，当这位本地的英雄人物在我家露面的时候，我简直欣喜若狂。比赛后，他常邀请我去球队的更衣室，而我则会四处溜达，与我最钟爱的球员闲谈。我偶尔还会来到球场上锻炼球技，练习接球。那真是一段美好的经历。但是，在他身边的时候，我却越来越感到拘束。

那时的我，只要发现自己身处新的环境，或者是在我看来会让我感到怯场的社交场合中，就会蜷缩到自己的世界中。即便是最友好的社交活动，当我试图参与进去时，也会变得忸怩不安，甚至会感到两腿打颤。据估计，在校学生中有40%的学生个性羞怯，而我就是其中一员。

害羞的表现往往是情不自禁的，其他人有时也对此很难理解，结果害羞却被当成了冷漠，有时甚至是傲慢。但是，害羞既不是冷漠，也不是傲慢。害羞的孩子往往能够体谅他人，善于倾听，是别人可靠的朋友，但是这些品质往往会被人忽视——起码在交往之初是这样。

一个令人沮丧的循环

比赛之后，我常会祝贺那位全美橄榄球联盟的球员，夸他打得不错。同时，我也努力着想做回自己。但是，我却做不到，因为我会被那种强烈的忸怩不安的感觉包围着。他往往也能感受到我的不安，因为他在努力不让我感到拘束的时候，会显得过于熟络、过于热情。亲昵地拍拍我的后背，开开玩笑，挤眉弄眼或者嬉戏打闹，是他努力让我放松下来的方式。就这样，他拼命想把我从封闭的外壳中拽出来。他人很不错，这一点毫无疑问。但是，对于一个害羞的人来说，像他那样做就让我更难以与他相处了，因为我们的互动成了一个令人沮丧的循环，他越是想把我从自己封闭的壳中拉出来，我越是往里缩，我对自己也就越没自信。

害羞影响学习与团队协作

然而，不幸的是，你越是将注意力集中在害羞的学生身上，越是努力把他从封闭的外壳中往外拽，他越难从中走出来。

大多数害羞的孩子情况都是如此，而大多数善意的老师对他们的反应也和那位橄榄球运动员的反应一样，这是关心他人的人对此的正常反应。然而，不幸的是，你越是将注意力集中在害羞的学生身上，越是努力把他从封闭的壳中往外拽，他越难从中走出来。结果就是，班里会有那么一群学生（平均三十人的班级中会有十二个这样的学生），他们感到不能放心地去参与到课堂中或是上课积极发言。

让所有的学生感到自己是为课堂尽了一份力的一份子，无论对学生的学业和社交上的发展，还是对于做一名成功的教师，都是非常重要的。否则，你永远无法获得存在于师生间的亲近感，而这种亲近感正是理想课堂的特点。此外，缺乏课堂的参与会阻碍学生的学习，阻挠团队的协作。但是，尽管恰当地与害羞的学生沟通是如此的重要，了解如何与害羞的学生沟通，却是有效的教学方法中常常被忽视的一环。

学会与害羞的学生互动

与害羞的学生互动的最好方法，乍一看似乎是与我们的直觉背道而驰的。但是，运用这种方法，短暂的一段时间过后，你就会与他们建立一种能促使他们在社交和学习上都能自信绽放的关系。

在我们讨论该做什么之前，重要的是先要确定我们不该做什么。遵照以下准则能够让害羞的学生大胆发言，成为你课堂中积极的一份子。

以下是几点禁止事项：

◆ 不要与害羞的学生单独就缺乏参与谈话，尤其是在学年的头几个星期更是如此。与老师一对一地谈话，再加上要求他多参与带来的压力，会让他难以承受。要求与学生单独会谈，讨论他们的害羞问题或者害羞的表现症状，会冒让一切既得的进步化为乌有的危险，甚至有让情况进一步恶化的可能。

◆ 不要当着全班同学的面夸奖他们。你可能会认为，当着他们同辈的面夸奖害羞的学生某事做得好，能够提升他们的自信并鼓励他们多多参与。但是，这样做会让他们处于注意力的中心，从而让他们感到紧张不安。事实上，你只要简单地这么说上一句就完全足够了：“恭喜，乔安娜，听说你在校级艺术赛事上获得了第一名。真有你的！”但是，如果是正式地宣布对害羞学生的夸奖，会让他难以承受这种处于注意力的中心而带来的压力。

害羞的学生，即便偶尔如此，也不应被贴上害羞的标签。

◆ 不要总是提到他们害羞。频繁地听到大人对孩子说“噢，你这么害羞啊！”或者“我女儿非常害羞”，让我感到惊讶。害羞会限制孩子学习发展的空间，我们需要非常谨慎，不给他们贴上害羞的标签。你是否曾经有过被人给一刀切地归了类或者大笔一挥贴上了标签的感觉。这种感觉非常糟糕。而且，一旦被贴上了标签，就很难将它撕下。这还会让你怀疑起对自己的信念。孩子是尤其敏感的，你的话会对他们产生一定的影响。而且，对于像老师这样的有权威的人士说的话，他们会当作事实不加质疑地接受。害羞的学生，即便偶尔如此，也不应被贴上害羞的标签。

◆ 眼神交流不要超过一或两秒钟。和学生有眼神交流是非常重要的，但是长时间的眼神交流，会让某些学生产生羞怯的感觉。感到不自在的时候，孩子们很难集中注意力。提问题的时候，适度的眼神交流可以给学生留出时间集中注意力，经过思考，再对你的问题做出回应。刚开始的时候，放心与学生有眼神交流，然后转移视线，留给他们回应你问题的时间，最后以眼神交流结束与学生的互动。

◆ 不要对他们表现出多过其他同学的兴趣。害羞的学生敏感，尤其善于观察。他们走出自己封闭的外壳，需要时间，需要足够的自由空间，这样他们才会成功。有些老师为了把他们从外壳中拽出来，会花费越来越多的时间去尝试了解他们。但是，害羞的学生一开始需要的，是更多的空间。当然，完全地忽视他们，也是不明智的。但是，要让他们自己决定与你交往的程度。我既不是建议你别与害羞的学生聊天，也不是建议你别像对待其他学生那样，不和他们谈论学校的作业。我所建议的，是要你在努力让他们多多参与课堂的过程中，能够循序渐进。

◆ 不要在谈话中留有空白。与害羞的学生交谈时，要直奔主题，得到了需要的信息后，立刻转到下一话题。谈话中的停顿时间会让害羞的学生感到忸怩，进而会让他们在你跟前感到拘束。要让你们的谈话快而直接。

◆ 如果害羞的学生回答了一个问题，不要接二连三追问。害羞的学生第一次在其他同学面前参与到课堂中来，问答你的问题时，你要确保他们的这次努力尝试，会沿着正确的方向发展。他们愿意参与其中，回答问题，说明他们在课堂环境中，正开始放松起来。所以，在他们发言过后，对他们简单地说上一句“答得不错”或者“我喜欢这个主意”，然后转到下一同学下一问题。他们实际上是在试探水的深浅，所以，让他们在浅滩嬉戏一段时间吧。如果你进一步追问，逼着他们加深思考，会有溺死他们的危险，他们下次就不会主动发言了。在他们决定参与之前，恐怕在心里已经排练答案好几分钟了。对他们来说，这是很重要的一步，你要让他们先尝到成功的甜头。

◆ 不要大惊小怪。如果人们小时候不是害羞的性格，他们有时候很难理解这一点。感情夸张的举动、过度的热情或者过火的反应往往会让害羞的孩子感到非常不自在。例如，你说："哇！杰弗瑞，你在棒球队打球？厉害！手伸过来！来，击个掌！"更好地处理方式应该是随意地说道："杰弗瑞，了不起。我也喜欢棒球。一定要通知我你赛季进展的情况。"这样就向杰弗瑞表明了你对此是感兴趣的，也留给了他今后接近你的机会。而且，他们总会借此接近你的。

◆ 不要显得太过熟悉。大多数老师在与学生交流的时候，都会很放松。但是，与害羞的学生交流时，老师必须注意不要太过放松。害羞的学生与老师交流的时候，要做到足够的放松，需要较长的时间。然后，谈话才能以熟悉的口吻进行。和所有学生一样，害羞的学生也喜欢与老师开玩笑，与老师有双向的交流，只不过要做到这一步，需要更久一点的时间。

要鼓励害羞的学生多多参与，帮助他们在你身边、在新课堂中更加放松，以下是一些行之有效的建议。

建议：

◆ 与害羞学生之间的谈话要保持流畅。他们与你谈话的时候，会迫切地希望谈话可以正常地进行，没有长时间的暂停或者令人尴尬的时刻。你可以帮助他们做的，就是控制谈话的节奏，让谈话保持流畅。每一次成功的谈话都会让他们离自在地与你相处更近一步。

> 强迫害羞的学生更多地参与到课堂中来，往往会适得其反。

◆ 随意地点名提问。里克·莫里斯，备受赞誉的教师、作家，提倡随意地点学生名提问。他的好主意是利用一副扑克牌，每张牌上写一位同学的名字，借此点名提问，能够让所有同学保持警觉，保证人人都能参与到课堂中来。对于害羞的学生来说，这是一套伟大的点名系统。他们知道老师之所以点他们的名字提问，是因为老师抽到了写着他们名字的扑克牌，而不是老师想让他们更多地参与到课堂中来。强迫害羞的学生更多地参与到课堂中来，往往会适得其反。

◆ 接受他们的现状。当然，你肯定不想让哪个学生感到拘束。但是有时候，你不得不暂时接受他们的现状。我还记得上小学时，有位老师接受不了我安静的性格，总是不断地逼我多多参与到课堂中来。这样的老师是我痛苦的回忆。不过，另一方面，也有老师带给我美好的回忆。我清晰地记得我五年级的老师，她能让我在课堂中感到毫不拘束，因为她留给我足够的时间，让我适应新的环境，让我做我自己。

> 每次与他们交谈过后，要让他们觉得与你的交流是成功的。

◆ 言行举止要时刻让害羞的学生感到他们与你的交流是无异于常人的，是可以接受的。如果有学生表现出羞怯的症状，如呼吸短促、紧张不安、上课走神，要装作视而不见。要装作他们的回答正是你所想得到的答案。每次与他们交谈过后，要让他们觉得与你的交流是成功的。这样做，你不仅是帮助他们与你进行顺畅的、双向的交流，你也是在给他们注入自信，锻炼他们与他人也能成功地进行交流。

◆ 如果在他们身上发现有焦虑的症状，要及时跟他们家长谈话。害羞，对于某些学生来说，是他们面对陌生事物时的正常反应。然而，如果你遵照了以上的建议，在践行几周之后仍然发现有学生依旧不能表现出他或她本来的个性，那么，就到了该与孩子的家长谈谈的时刻了。学生身上表现出持续性的焦虑，也许意味着除了他本身性格原因之外，还有其他外在的因素影响他。这个时候，你就该向家长通知一下学生的情况了。

善解人意的老师最受欢迎

几年前，我在一场婚礼上碰巧遇到了我深深景仰的五年级老师。此前，自从小学毕业，我就再也没见过她了。一看到她，就有一种神奇的暖流涌上我心头。她也一眼就认出了我，给了我一个大大的拥抱。

现在在她跟前，我还是和孩子的时候一样，仍然是那种无拘无束的感觉。虽然二十或者二十多年过去了，我依然感觉可以与她无话不谈。当时和我一起参加婚宴的朋友，同样是这样的感觉。我们走开的时候，我朋友用一句话便精炼地概括了我的想法：“她真令人肃然起敬。”

两三年之前，我父母举办了一场晚宴。父母邀请的其中一位客人，就是那位曾经对我很好的橄榄球运动员。母亲告诉我他也会参加晚宴的时候，过去在他身边时紧张的感觉又浮现在了心头。我已经多年没见过他了。起先，我又担心又好奇：等他来了，在他跟前时我还会紧张吗？但是，接着我提醒自己：天呐，我可已经是大人了啊。我真是太可笑了。他出现在宴会上的时候，我立刻朝他走了过去。之后，我们进行了一次愉快的交谈。说实话，我第一眼看到他的时候，还是感到有点紧张的。但是，很快这种感觉就烟消云散了。

作为一个成年人，现在虽然偶尔会感到害羞，但是靠着自己的控制，我也能够克服这种感觉了。然而，孩子们常常需要在一位体谅人的老师帮助下，他们才能走出害羞的自我，表现出真实的个性。这样做，不仅对学生大有裨益，对老师、对其他学生也是有利的。一个人人参与其中的课堂，会提高所有人的学习效率。

Tips 实践指导

1. 据估计，在校学生中有40%的学生个性羞怯。
2. 营造一种班级氛围，让所有的学生都能在学业和社交上绽放美丽的花朵，这很重要。
3. 了解如何与害羞的学生沟通，是有效的教学方法中常常被忽视的一环。
4. 个性羞怯的学生，首先要在课堂中放松戒备，然后才能成为积极参与课堂中的一份子。
5. 遵照上述建议与禁止事项，可以改善害羞学生的表现，往往还可以帮助他们从根本上克服害羞的心理。

教学诀窍 | 11

如何明察秋毫 发现班级问题的真相

☑ 治疗症状费时费力，无益于学生获得成功所需的技能。

☑ 教师对问题的回避策略会伤害学生自尊，因为它向学生传达了这样的一条信息：他们没有能力改变不良行为。

☑ 直面行为问题的根源，教授学生独立解决难题的技能。

我认识一位老师，他坚持让自己的四个学生（都是男生）在学校里时刻保持距离，因为他们很难和睦相处。学生排队离开教室的时候，这四个男孩儿不能站在一起；老师带领大家去卫生间的时候，他们也必须分开进去。他把这四个学生安排在教室的四个不同角落，每次上音乐课或美术课的时候，他还会嘱咐任课老师，确保他们不会有所接触。

有一天，这四个学生里有两个在卫生间里打起架来，我目睹了事后的余波。很显然，这两个学生同时进了卫生间，在洗手的时候互相推搡了起来。我认识的这位老师发现之后非常生气，他交叉着双臂大声叹气，不时哼哼几声，表现出极大的不满。但奇怪的是，谈及此事的时候，他竟没有认识到一些本质性问题，如学生缺乏自制力、互不尊重或动手伤人。

他生气是因为这两个学生同时出现在了卫生间。他训斥道："我要跟你们说多少遍？不要呆在一起！不管是排队、课间休息，还是去卫生间，都不许靠太近！你们之间要保持距离！"他的教学技能非常糟糕——

反应过于情绪化，也没有实现预期教育结果；除此之外，他生气的对象也完全搞错了。他感到恼怒是因为这几个学生接近了对方。事情发生在11月份，他决定，在剩下的学年里，不再让他们之间有任何接触。

遗憾的是，这位老师的做法实际上有害于这四个学生的成长，尽管并不是有意为之。他对他们说："对于和自己性格不同的人，我不认为你们能和睦相处，所以你们最好远离对方。"对这几个男孩儿而言，这是一种"掠夺式"的教育方法。

仅仅解决表面问题不是真正意义上的教学，这更像是照看婴儿，让老师和学生都颇为烦恼。

问题的根本是，这四个学生无法正常交往，而这位老师却选择了一种较为肤浅的处理方式——意图避免诸如推搡或争吵等表面症状的出现。但实际问题并没有得到解决，仅仅解决表面问题不是真正意义上的教学，这更像是照看婴儿，让老师和学生都颇为烦恼。

通过回避来应对问题行不通

对于长期行为问题，许多老师都是通过回避来缓解其表面症状的：

禁止布列塔尼踢足球，因为一旦输球她就会情绪失控，乱发脾气。

把托尼和其他同学分开，让他每天单独坐在一张桌子上，因为他缺乏自制力。

禁止学生独自去读书馆借书，因为他们太吵闹。

只允许索尼娅和能够容忍她的人做搭档，因为她很难与其他人共事。

关闭攀爬架，因为学生使用时安全意识不强。

让大卫和一些学生保持距离，因为他们嘲笑他时，他会表现得非常愤怒。

与结果的有效利用不同，采取上述各式各样的行为是为了避免问题的再发生，而结果是已确定的、具体的、有一定时间限制的。然而，这种回避策略对学生来说毫无益处。更糟糕的是，这些行为对学生进行不必要的惩罚，向他们传达了这样一条信息：他们没有能力改变或提高自己的行为。

代价高昂的常见错误

通过回避来处理长期行为问题是老师们常犯的错误，事实上，这是一个很严重的错误，对学生和老师都是百害而无一利。最危险的是，许多老师都认识不到这个错误，他们甚至对自己的课堂管理能力——回避某些行为以防止不良后果的出现，感到沾沾自喜。但这一方法代价太过高昂：学生感到沮丧痛苦，在同学中自我价值有所降低，而老师也会产生额外压力。

正确的解决之道是直面问题

正确的解决之道是直接面对经常性行为问题出现的原因，为学生提供一整套方法（如一系列策略），帮助他们成功应对之前的问题情形，并做到如鱼得水。比如，要从根本上解决布列塔尼踢足球过程中的行为问题，不但要允许她踢足球，还要鼓励她这么做。在她输球的时候，要教她应该如何表现，告诉她能够依赖的正确方法，如果她不听从，就当场执行一项结果。每一天都要给予她鼓励。

我的理念是这样的：当学生陷入可能引发不良行为的境地时，为他们提供一套完整的应对方法。这些方法可以针对个人、一组学生或整个班级。就前文中提及的四个男孩儿而言，他们需要学会如何成为朋友，以下是一套简单的方法：

1. 击掌或击拳问候对方。
2. 和对方讲话时语气要和善。
3. 轮流说话和游戏。
4. 一起参加集体课间活动。

必须通过角色扮演来充分解释、模拟及实践这些方法，否则它们就不会产生多大价值。

必须通过角色扮演来充分解释、模拟及实践这些方法，否则它们就不会产生多大价值。与他们的老师处理方式不同，我的原则是，任何人在任何时候打破班规或校规，都必须承担相应的结果。当老师不在场时，这四个学生中可能会有人违背上述方法或破坏班规，如果出现这种情况，他们也是要学会如何应对的。

我对我的学生说，为了全面了解班级里的不良行为（班规或校规不容许的行为），他们必须向我做报告。他们可以私下里告诉我，但我必须知道，因为我要保护每一名学生的安全及享受课堂的权利。我把这称为“自由情报法”。任何学生在任何时候打破规则我都有知道的自由，更重要的是，这也是我的责任。你也一样。

尽力减少学生告状行为

就在不久之前，邻班的一个小男孩课间找到我，他对我说："林辛老师，丹尼尔（一位同学）一直挑我的刺，但是当我把这件事告诉我的老师的时候，她说她不想听。她不允许我们告状，但除此之外，我不知道还能做什么。"

我解决了他的问题，然后开始思考他老师的做法。我常常会听到老师们对此类问题的抱怨，我能够理解。他们厌倦了学生间的相互揭发，所以不鼓励这样的行为。但有些学生频繁告状是因为他们感到失落，他们还不能独自处理这些问题——无论多么细小或琐碎。而且很多时候，老师并不是对每一个学生都能负责。

在课堂里，学生严格遵守规则，老师亲自为学生示范如何处理反复出现的问题，告状行为已很少再发生了，但仍是需要的。你不可能洞悉一切，况且学生为自己辩护对其发展也大有裨益。我们应该鼓励学生大声抗议不公、支持正义。但我们必须让他们明白，什么情况下独立开展这些活动才是安全的，我们要告诉他们怎样做、什么时候做，以及什么时候需要向老师报告。

运动场常见状况应对方法

"不要这样跟我讲话，我应该得到尊重！"

如果只是为单个学生讲授策略方法，你最好选择在课间、课前或课后进行。但有些方法（如与友谊相关的）必须在正常上课时间教授给整个班级，因为它们对所有学生都具有价值。你可能还想教会你的学生如何处理运动场常见状况。比如，休息时被人谩骂或嘲笑应如何应对呢？

对于谩骂，我要求我的学生直视冒犯者的双眼，信心十足地和他们对话。他们真的能做到这些吗？答案无疑是肯定的。如果你提供的方法能让学生成功走出困难处境，他们就会采用。你会发现，再发生这些问题时，你的学生很少会做出错误的选择。

因为这些方法非常奏效，所以我把它们教给了我的学生，而学生们也因此获得了信心。事后听到一些故事总是非常有意思。我的学生瓦莱丽告诉我，可能有人会对她说："瓦莱丽，你的裤子太长了，都拖到地上了。真恶心！"在这种情况下，她就会张开双肩，扬起食指，大声对对方说："不要这样跟我讲话，我应该得到尊重！"而冒犯者则会表现出惊讶的神情，唯唯诺诺地回答："对不起。"

这些方法用在各个方面（如：如何优雅面对输球，如何与同学和睦相处，如何应对谩骂）都极其有效，能给学生带来更多的信心，帮助他们克服困难。相比通过无力的回避来限制学生，它们要强大得多。

挖掘长期行为问题的根源是一种正确而实际的方法。作为老师，我们要通过讲课、模拟、角色扮演、监督、强制或鼓励等形式告诉学生做什么以及怎样做。为他们提供成功所需的方法，你会发现，那些曾经的失败都是他们日后发达的基石。

Tips 实践指导

1. 治疗症状费时费力，无益于学生获得成功所需的技能。
2. 回避症状伤害自尊，因为它向学生传达了这样的一条信息：他们没有能力改变不良行为。
3. 直面行为问题的根源，教授学生独立解决难题的技能。
4. 为学生提供具体方法，指导其在困难境地做出正确选择。
5. 密切监督学生行为，追踪其发展。
6. 安全第一。学生须知何时可以独立处理问题以及如何处理，何时要向老师汇报。比如，欺凌行为必须由老师来处置。

教学诀窍 | 12

如何让家长积极与你合作

☑ 若能充分利用家长的帮助，则可提高课堂效率，使老师的教学更集中。

☑ 积极向家长推销你的产品，即你为其子女创造的教育体验。

☑ 通过私人信件邀请家长参与学校或课堂活动，并附上家长信。

前不久，我家附近的一所学校开展了家长开放日活动，我有幸参观了其中几间教室。老师们似乎为家长的到来做了精心的准备：他们穿上了最得体的衣服，把教室打扫得一尘不染，装饰得漂亮精美，还提供了各种食品和饮料。但出席率依然很低。

那天晚上快结束时，我走进了一间五年级教室，里面的老师热情地招呼了我。尽管我并不是学生家长，但她还是积极地带我到处参观。当我在签名册上签名的时候，我注意到，我仅仅是她的第十二个来访者。她这个班级共有三十一名学生，但只来了十一位家长，而且没有一个自愿参与班级事务。“我很失望，”她对我说：“我再三提醒学生，他们大部分都表示父母会来。我不知道问题出在哪儿。”

家长参与的益处

全国家长教师协会数十年的研究显示，如果家长能够参与孩子的教育，那么学生就会拥有：

◆ 更高的分数和毕业率

- ◆ 更好的出勤率
- ◆ 更多的动力
- ◆ 更强的自尊
- ◆ 更低的停学率
- ◆ 更少的暴力行为

这些益处足以证明家长参与对打造理想课堂的重要意义，但它们只是其中一个方面。另外一个原因是，如果能与家长进行充分合作，那么课堂就会变得更加有效，而你的教学也会更加集中。

■ 为什么有些老师能吸引更多家长

我曾经任教的一所学校里，学生家长全部都是家长教师协会的成员。他们能够意识到参与的重要性，希望自己的子女接受最好的教育。每个星期都会有十来位家长自愿在教室帮忙，而开放日的时候也几乎无人缺席。在这样的环境里教学是一种享受，有这么多的家长渴望参与是一种奢侈。

然而，我大部分时间所从教的学校里，只有小部分家长加入了家长教师协会，而开放日活动通常也只有不到50%的人会参加。极少数家长会自愿在教室里帮忙。

但这些学校里也有特例：在有些班级，无论哪个年级，家长的参与度都很高。这些老师有什么特殊的做法吗？为什么他们能吸引全部家长参与学校活动，而许多其他老师再怎么努力也只能吸引到一半的人？为什么他们能让众多家长心甘情愿在教室帮忙，而其他老师却都做不到呢？

从销售员身上学到的

我父亲当了一辈子的独立销售代表。他现在已年近七十，但仍像以前一样精力充沛，还在继续工作着，并且没有退休的打算。他为什么要这么做呢？他自己当老板，想度假随时都可以去，工作时间也不长。这听起来像是一份不错的工作，但事实上，做销售竞争是非常残酷的，只有极少数销售代表能获得巨大成就。但对于我父亲，成功可以说是必然的。尽管经济有时并不景气，但他年年都能取得成功。

在我成长的过程中，我很好奇父亲靠什么来生存，因为和大多数成年人不一样，他常常呆在家里激情澎湃地打电话。我听他在电话里和客户交谈大概已有上百次。此外，我还有幸和他一起打了几个销售电话。通过观察，我发现他在面对每一名客户时都会遵循以下三个步骤：

1.积极推销自己的产品

2.大胆请求客户购买

3.信守承诺

许多年前，我开始用类似方法争取更多家长的参与，结果令人欣慰。有一年，我所教的班级最初只有十几位家长参加开放日活动，后来发展到几乎没人不参加；最初每周只有一位家长自愿为班级服务，后来增加到十位。我把这些步骤分享给了其他老师，我深信任何人都能复制我的成功——需付出的努力要比你想象中的少得多。

步骤一：推销你的产品

把班级想象成繁荣的产业，把学生家长想象成客户是一个有效的方法。

把班级想象成繁荣的产业，把学生家长想象成客户是一个有效的方法，而产品就是你为学生们创造的教育体验。和任何行业一样，积极推销你的产品至关重要。如果你自己对课堂活动都毫无激情，别人就更不会感兴趣。你的热情会感染家长，让他们渴望参与其中——如果你耐心和他们分享，为他们提供充分的信息。抓住每一次和学生家长谈话的机会，即便只是一两分钟，向他们介绍一些计划中的项目，并邀请他们加入。

步骤二：大胆请求

在开放日或家长会之前，学校管理人员通常会印发传单让学生带回家，传单上写有时间、地点等基本信息。学生们把这些传单塞在口袋或书包里，运气好的话，监护人能够看到。家长们其实已经厌倦了这种传单，因为他们每年收到的都一样，其作用只是提醒罢了，根本无法凸显家长参与的价值和重要性。这种只发传单的方式收效甚微。

相反，如果家长收到的是一封由老师亲自交付的特别邀请函，结果很可能会不一样。本章最后会附上一封简短而有效的邀请函样例。这样一封私人邀请函会大大提高家长的参与度。毫无疑问，他们不仅喜欢这种形式，而且期望能够参与。

完全可以请求家长出席学校活动，你需要时刻保持礼貌谦逊，但也要大胆要求家长的参与，寻求他们的支持。

在邀请函中附加一个RSVP（敬请赐复）表会更加有效，因为这么做不仅能获得更高的出席率，而且答应之后又不出席的人也会减少。

当RSVP表回收截止期临近时，打电话给仍未回复的家长，提醒他们参与的重要性，让他们知道你非常期待他们的出席。告诉他们RSVP表第二天就要交上来，即使他们决定不参加。如果必须作一个选择，家长们参加的可能性会更高。比起出席子女的学校活动，很少有事情更加重要，所以在做选择时，大部分人都会选择参加。

我知道不少老师会让学生给自己的父母写信，邀请其参加学校活动，这有一定的帮助，特别是在活动当天，可起到提醒的作用。然而，由你写信来告诉家长出席的重要性是最为有效的。

晚上活动开始，很多家长都来了，你必须充分利用这次机会。我注意到，许多老师把志愿者签名表放在了家长签名表旁边。这看上去像是个不错的位置，但要争取到尽可能多的志愿者，你最好亲自询问每一位家长。

在此之前，你必须在开场白中说明志愿者的职责及志愿服务为学生带来的直接利益，这一点非常重要。随后在教室四处走动，和家长打招呼时，要时刻保持微笑，拿出签名表，自信地问每一位家长："我和学生们都希望您能作为志愿者为班级服务。您哪一天有时间？"

步骤三：信守承诺

有些家长对待课堂志愿工作非常谨慎，因为他们在过去的志愿服务中有过不愉快的经历。他们常常被要求去评阅考卷或做一些杂务，如剪裁图画用纸或装订材料。志愿工作必须对家长有价值，对课堂有益。家长们抽空来帮忙已十分不易，因此遵守你的承诺，让他们来的有价值非常重要。

我发现，让家长志愿者在独立阅读时间帮忙最能发挥其价值。他们与学生一对一结成对，听学生阅读约十分钟，这样就最大化利用了他们时间，而且还能记录学生的阅读水平。

我为每一名志愿者都准备了剪贴板、花名册和记录学生阅读状况的表格。表格由开放性问题组成，用以评估学生对文章的理解能力，确定教材是否符合学生的阅读水平。之后我们会进行简短的交流，家长可提出与任何一个学生有关的问题。

老师或许能在几周之内单独和每一位学生一起阅读，我认为这么做非常重要。但如果多几个训练有素的志愿者来帮忙，那么仅仅几天之内就能照顾到整个班级。这种方法通常会让学生更有动力，从而进一步提高他们的阅读技能，而要这么做家长志愿者的帮助必不可少。

同时，我还常常让家长志愿者参加阅读工作坊或社会研究和科学小组。他们对这些小组的顺利运作起着不可替代的作用，这样我就能专注于教学，而不是班级管理。当我关注某一小组的时候，家长们会照顾其他的小组。我鼓励他们做积极的观察者，而不是被动的参与者。学生是小组的领导者，家长志愿者们会在一旁帮助他们解决问题，达到学习目标。

从我的经验来看，家长们热衷于这种形式的活动。他们可以和学生进行有意义的互动，和学生分享自己的技能和生活经验以帮助其学习提高。他们还可以看到自己的参与对子女产生的影响。有些家长十分享受这一过程，即使自己的子女升到了更高的年级，他们仍然留在我的班级提供志愿服务。

这种家长志愿服务还有另外一个好处：你只需告诉他们一遍要做什么、怎么做即可。

这种家长志愿服务还有另外一个好处：你只需告诉他们一遍要做什么、怎么做即可。他们每次来都做同样的事情，因此日常教学活动不会被干扰，你也无需再做任何额外计划。

不讲英语的家长

要让不讲英语的家长知道他们很重要，能为班级做出贡献，这一点非常重要。有些家长不大愿意在班级帮忙，因为他们担心语言差异会阻碍他们的志愿工作。我认为把这部分家长纳入志愿者队伍并不难，你只需想出一些创造性的方法。

我常常把讲西班牙语的家长和讲西班牙语的学生安排在一起。学生们用英语阅读材料，但随后讨论的时候用西班牙语。考虑到家长参与的重要性，这只是小小的让步。

我班里有一位家长只会讲越南语。在独立阅读时间，我让她和越南学生坐在一起，听他们用英语阅读。读完之后，学生用越南语向她概括一遍，然后她会问一些理解上的问题——这些问题我已事先帮她翻译好。在和她交流学生情况时，她女儿就在一旁当翻译，这种方法非常奏效。

这位母亲为自己感到骄傲，她女儿为她感到自豪，而我也争取到了一位真正关心学生的志愿者。

让家长感到受欢迎

有好几次，我无意中听到一些老师打电话给家长预约观摩课堂的时间，我认为这种做法是错误的。要求和家长预约会降低他们参与的积极性，这种做法就像在高级饭店预订座位，既让人畏怯又不方便，还有意无意传递了这样一条信息：你对家长的参与并不特别感兴趣。

当被家长问及课堂参与相关事宜时，较好的回答应该是："随时欢迎您的到来，这是我们的时间表。"如果感到受欢迎，家长就会更乐意做课堂志愿者，参与学校活动，在子女的教育中扮演积极角色。

家长参与造福所有学生

如果你能为一些家长提供愉悦的志愿者经历，那么其他家长也会知道。许多家长在开学第一天就找到我，告诉我能在课堂帮忙他们是多么兴奋，对此深表荣幸，同时我也很感激他们的帮助。

家长的帮助不仅有利于自己的子女，还可以提高所有学生的学习质量。但你必须积极推销你的计划，大胆请求家长参与，信守自己的承诺，为他们提供有意义的经历。

尊敬的琼斯太太：　　2008年10月8日

10月16日周二晚5:30至6:30，我班将在B-8教室举行家长会。若能光临，我们将深感荣幸。为了您的到来，学生们精心打扫装饰了教室，且准备了特殊的礼物。时间安排如下：

5:30 – 5:50　面向家长的重要演讲

5:50 – 6:00　问答环节

6:00 – 6:30　与林辛老师交流 – 参观教室 – 观看学生作品

您的参与非常必要，事实会证明，这对您子女的学业成绩至关重要。我们期待您的到来，请于10月12日周四前签署以下反馈表，并裁下让您的孩子交还给我。

感谢您对我班的支持。

谨启，

林辛老师

☐ 我会参加将在B-8教室举行的家长会

☐ 由于事先有约，我无法参加。

签名 ＿＿＿＿＿＿

Tips 实践指导

1. 若能充分利用家长的帮助，则可提高课堂效率，使老师的教学更集中。
2. 积极向家长推销你的产品，即你为其子女创造的教育体验。
3. 通过私人信件邀请家长参与学校或课堂活动，并附上家长信。
4. 若要争取家长志愿者协助课堂教学，你需亲自询问他们。
5. 让家长直接接触学生，使志愿者工作有价值。
6. 让不讲英语的家长参与课堂活动时要采取创造性措施。
7. 时刻让家长感到受欢迎。

教学诀窍 | 13

如何引导学生更加坚强成熟

☑ 成熟的学生更加冷静，不以自我为中心，更乐于学习，能更好地应对挑战。

☑ 避免使用儿语或俚语，它们会助长不成熟行为。

☑ 树立成熟典范，在任何情况下都要保持镇定。

培养学生成熟的个性和心态可以使他们更加坚强，不再以自我为中心，更好地应对各种挑战。成熟的学生通常比较冷静，乐于学习，能减少教学压力、增加教学乐趣。毫无疑问，作为老师，你对学生的发展成熟至关重要。

学生的成熟程度与老师密不可分——有时候老师的影响颇为惊人。由于师生间互动频繁，老师也有意引导学生走向成熟，一个班的学生要比同年级的其他学生看起来成熟两岁。

以下一些策略可以减少甚至消除不成熟行为，培养成熟行为。

■ 讲课时避免使用儿语

> 我们常常可以听到小学低年级的老师用儿语和学生讲话，但这其实是一个误区，即使是对幼儿园老师来说也是。

老师对学生的讲话方式影响着其成熟的发展。我们常常可以听到小学低年级的老师用儿语和学生讲话，但这其实是一个误区，即使是对幼儿园老师来说也是。讲儿语的老师培养出的学生同样也讲儿语，而且他们的行为方式也会和讲话方式一样幼稚。如果说话不成熟，那么行为也会不成熟。

儿语这一术语是指讲话时使用的语言过于简单，听起来让人觉得很不成熟。尽管与小学低年级的老师有所区别，但小学高年级老师和中学老师也会经常使用这种讲话方式。

我认识一位老师，她曾经压力大到几乎要发狂，那时候她的班级和我的班级仅隔一个过道。尽管她的课堂十分生动有趣，学生们也很喜欢上她的课，但他们表现出的行为都极不成熟，甚至可以说非常幼稚。她教的是一年级的学生，但她总是在帮他们系鞋带，穿衣服。

她的学生需要关心，似乎渴望——甚至要求——得到她的注意。他们说话就像小孩一样，遇到一点点挫折首先想到就是抱怨和放弃。在这样的环境下教学的确有压力，但只要做些微的改变，情况就会大为好转。首先要改变的就是她与学生交流时的说话方式。

这使我想到（的确如此）和一个两岁的孩子或刚出生的小孩讲话时的场景。

由于我们两个班级离得很近，我经常能听到她和学生之间的对话。她与学生讲话时会激动地扬起声音，缓慢地吐字，用缩略短语来传达信息。这使我想到（的确如此）和一个两岁的孩子或刚出生的小孩讲话时的场景。

自然，她的学生作出了相应的反应，不管是在说话方式上还是在行为方式上。更糟糕的是，她还常常纵容学生的这些不成熟行为。

我已经几年没见这位老师了，但我可以肯定，如果她能改变说话方式，她的学生会成熟得多，而她自身的压力也能得到缓解。

尽管这只是一个极端的例子，但大多数小学老师都会不同程度地对学生讲儿语，不管在哪个年级。

我认识两位非常优秀的幼儿园老师。值得注意的是，就像和同事说话一样，他们会以一种对成年人的方式与学生对话，只是所用的词汇更加局限。这并不代表他们只用学生能够领会的词语，相反，他们用的很多词都超出了幼儿园孩子的理解范围。但他们会确保学生正确理解所要表达的意思——语境、环境及非语言线索足以帮助学生理解不熟悉的单词或词组。这两位老师的课堂里是不存在儿语的。

你不是学生的同伴

在培养学生成熟个性和行为方面，要避免太随意，尽量少用学生中流行的词句。这种情况在初高中较为常见，但小学里也有发生。每次听到一些老师说“我的错”这样的俚语时，我就会不寒而栗。用俚语来拉近与学生之间的关系是没用的，你不是学生的同伴，不应该表现出同伴的样子。

首先要获得学生的尊重，不应把师生友谊放在第一位。与学生建立平等关系对你们双方都不利，也无益于学生成熟的发展。师生之间可以存在一定程度的友谊，但双方间的关系必须明确。

树立成熟典范

促进学生成熟的另一个方法是为他们树立典范。在压力下要保持冷静，上课或动员学生时要富于激情，但当重要问题出了错或学生行为不当时，要冷静处理。这么做可以减少负能量，学生也能学会如何面对挫折。

下次你遇到困境时，不要立即采取行动，首先要把事情搞清楚，然后再做决定，冷静地采取行动。

不成熟的学生易激动，常常反应过度。出现问题时，要用行动告诉他们如何应对，不要大呼小叫或表现出很沮丧。你的一举一动都是学生的榜样。下次你遇到困境时，不要立即采取行动，首先要把事情搞清楚，然后再做决定，冷静地采取行动。

给学生尝试的机会

独立是成熟的一大特征，正如前面一章所提到的，培养学生的独立性能使他们变得更加成熟。明智的老师不会直接告诉学生解决问题的答案或线索，而是会给他们充足的时间独立迎接挑战。给学生独立处理问题的机会可以提高学习效率，增强他们的自信心。

永远不要帮学生做他们力所能及的事，如果你不确定，给他们一次尝试的机会。诚实地告诉学生你的想法，这样就不会显得太冷漠无情。比如，你可以这么说："劳拉，如果你真的需要的话，我很乐意给你建议，但是我认为你自己能够解决。你为什么不试一试呢？"

对于有些老师来说，这很难做到，我们大部分老师天性就特别体恤学生。但是如果你能做到不插手去帮助学生，你会发现，你的学生会更加大胆地去处理更富挑战性的问题。

有特殊需要的学生

我赞成让有特殊需要的学生在普通课堂上课——并不完全因为这有利于这些孩子（大多数情况下确实如此），更重要的是，还能为其他学生提供机会。

有一次，有人问我愿不愿意接受一个盲人学生，把她安排在我六年级的班上。这个学生叫玛利亚，那是她第一次在普通教室上课。她是先天性失明，日常生活都要依赖别人。那时候她正在学习如何使用“白色拐杖”，每次离开教室都需要陪同。

玛利亚性格苛刻，对那些帮助她的人可能并不友善，但她有很强的幽默感，歌声也很甜美，因此同学们都很喜欢她。这对每个人来说都是一种全新的经历，学生们获得了一次很好的机会来学习人生这门重要的课程。

因为玛利亚，我的学生有机会从不同的角度去体味人生，这使他们受益匪浅。

因为玛利亚，我的学生有机会从不同的角度去体味人生，这使他们受益匪浅。他们目睹了她每天的挣扎，很多小事在他们看来都是理所当然的，但对玛利亚来说却是困难重重。学生们表现出了自己最好的一面，那些曾经以自我为中心的学生发生了巨大变化。

鼓励学生加入你的计划

我记得当时有个叫阿图罗的小男孩，每次课间他都会在课桌周围徘徊。一开始我搞不清楚他在干什么，但后来有一天我特地留意了一下他。他悄悄地朝玛利亚所在的方向瞥了几眼，确保她课间有人陪着。只有看到有人在她身边时，他才会出去休息。

有一次，原本安排给玛利亚的陪同没来上课，而我又忘了安排别人。到了课间，我抬起头，看见阿图罗伸出自己的手肘让她扶着。那是我第一次看见他们有所接触。

看着他们俩我的眼眶湿润了。阿图罗是个倔强的孩子，惹了不少麻烦，甚至做过一些法律不太允许的事情。但他也是个天生的领导者，在同伴中非常受欢迎。那天课间，玛利亚在荡秋千，他大大方方地走过去帮她。他把助人为乐变成了一件很酷的事情。

其他学生注意到他陪玛利亚一起回了教室，他们密切关注着他，但都没有说什么。他的行为在学生中影响深远。团结是学生成熟的象征，我有意培养班级的团结精神，而在这一方面无论我做任何努力，贡献都不及他大。鼓励有影响力的学生参与你的计划，其他学生也会效仿。

同一年，我们学校开了个特殊班级，学生们都患有严重的自闭症。我要求我的学生每周都去那个班级帮两天忙，为那些学生提供一对一辅导。每隔几周我就会换一批学生去，这样每个人都能参与。

如果你所在的学校也有这样的机会，一定要充分利用起来，特殊教育老师很少会拒绝其他学生的帮助。让学生在这样一个以自我为中心的年龄与不同于自己的人，或者说没有自己那么幸运的人接触，我认为是非常重要的。

新的体验

不成熟的学生只在乎自己的感受和需要，跳不出狭隘的世界观。到新的地方去体验新的经历能够开阔他们的眼界。

> 在计划实地考察旅行时，不要走常规路线。如果是学生们常去的地方，那就不要再去了，他们随时都可以去动物园。

在计划实地考察旅行时，不要走常规路线。如果是学生们常去的地方，那就不要再去了，他们随时都可以去动物园。我发现，老师在安排外出活动时可能会受课程需要的限制，这种情况下就要想出一些创造性办法，既能满足教学主题和需求，又能使学生有新的体验。

我在市中心一所学校任教的时候，有一次看见了一张免费实地考察旅行的传单，上面说只要有教师愿意去加利福尼亚的圣加百利山进行半天远足训练，学生也可以免费一起去。这听起来很有意思，所以我就去了。

那次远足让人印象深刻。山上没有铺好的道路，也没有导游的陪同，很合我意，因为我可以自由设计路线和方案。远足的目的在于让学生在真实环境中进行科学实验。比如，你们可以停下来测试一条小溪的流速。

我在班里做过一个调查，发现竟然没有学生见过雪，一个都没有！所以我打电话给户外教育部门，申请1月份去远足，但那里的主任不同意，说冬天是不安排远足活动的。在我的软磨硬泡下，他还是答应了。他努力说服我初秋或者晚春再去，但我还是坚持己见，最终他妥协了。于是很快我就和学生们坐上校车去了那个冬日仙境。那感觉棒极了！

我们走了有好几英里，沿路打打雪仗、堆堆雪人。我们挤不出时间去做实验，但与这次全新的体验相比，那已经不重要了。我很庆幸能成为其中一员。在这一天，学生们看到了另一番天地，对世界的理解也更为深刻。每次进行实地考察旅行时，你应该把这当作首要目标。

从不同的角度看世界

拓展学生眼界的另一个方法是与他们分享你的生活经历。给他们讲述你的故事，与他们分享那些曾经改变你生活的重要事件，使他们能够客观地看待问题。在为学生讲述你登埃及金字塔或第一天上大学的经历时，要让他们站在你的角度进行思考。根据我的经验，学生们对你的这些故事会很感兴趣。每次听完一个故事之后，他们的世界观会发生微小的变化，思想也会变得更为成熟。

我上高中的时候听过大卫·温菲尔德的演讲，他是名人堂篮球明星。他的演讲使我产生了很大共鸣，因为在演讲过程中他从未提及体育，他说，年轻人要获得个性的成长，必须去旅行，去阅读，去见各种不同的人。此后，我不断追求这些目标，事实证明，他的建议是正确的。

打破个人主观经验去看待世界具有重要意义。我们鼓励学生接触不同于自己的人，体验全新的经历，从而开阔自己的眼界。你会发现，这样下去学生会变得更加成熟，因为他们的视野超出了日常生活体验。

Tips 实践指导

1. 成熟的学生更加冷静，不以自我为中心，更乐于学习，能更好地应对挑战。
2. 避免使用儿语或俚语，它们会助长不成熟行为。
3. 树立成熟典范，在任何情况下都要保持镇定。
4. 尽量将有特殊需要的学生加入到你的班级，因为他们能为集体带来诸多益处。
5. 让学生接触新的环境，体验新的经历。
6. 通过故事和图片与学生分享你的生活经验与教训。

教学诀窍｜14

如何做到又整洁又高效

☑ 保持教室的整洁可便你节省大量的时间、减少压力，使你成为一个更优秀的老师。

☑ 捐出或扔掉过去两年里没用过的东西。

☑ 在桌角摆置一个小篮子用以存放重要文件，保持桌面的清洁。

在我执教生涯早期，我所在的学校正在经历一场改革：学校不再放寒暑假，而是全年都上课。因为教室过于拥挤，所有教室在整个一年里都必须处于使用状态，这也就意味着当老师们出去度假的时候（每三个月一次），他们就要离开自己的教室，而一个月之后再回来的时候，他们又得换到一个新的教室里。

老教师们特别不适应这种变化，他们中有一些在同一间教室里教了十多年的书，积累了大量的资源。校长认为，整洁的工作环境能够提高工作效率，他利用这次改革的机会解决了学校里一些不用的器材。

为了处理大量的过期材料，大垃圾箱被搬进了教室。校长还为每一位老师配备了活动橱柜，用于放置自己的物品。离开一个教室的时候，老师们就会把橱柜推到校园里的一个大储藏箱里。

在离开之前，除了家具，教室里的所有东西都要清空，连日历也要从墙上拿下来。剩下的都要收进活动橱柜或带回家。我很快就学会了怎样只保留需要的东西，丢掉不需要的，这是很重要的一堂课。我把所有的教学材料都放在了六个纸盒子里。

优质教学的标志

几年之后，我调到了一所按传统时间上课的学校，但我依然坚持把所有资料都控制在那六个盒子里。我喜欢不被冗余所束缚的自由之感，喜欢教室里干干净净、整整齐齐的样子。我总能得到称赞，很快我发现，由于我的东西很少，而且喜欢整洁，我的教学效果也有所提高。

> 有一次校长在我桌上留了张纸条，上面写着："干净的桌子象征着病态心理。"但背面还有另外一行字："实际上，这是优质教学的标志。"

有一次校长在我桌上留了张纸条，上面写着："干净的桌子象征着病态心理。"但背面还有另外一行字："实际上，这是优质教学的标志。"看到之后我不由一笑，但不管怎么说，从我的经验来看，事实确实如此——纸条背面的话。我确定会有特例，但就我所认识的而言，还没有哪个优秀的老师教室里是杂乱无章的。

保持教室整洁的好处

保持教室干净整洁好处很多，是打造理想课堂的关键因素之一。最重要的是，它能使你和你的学生思维更加清晰。

混乱的工作环境会阻碍人的思考。把无关紧要的东西清出教室，这样你就可以把精力都集中在学生身上，无需再浪费时间到处找材料。把需要的东西放在手头是个不错的办法——你不必为了寻找下节课要用的一件物品而到处乱翻。你很清楚东西摆放的位置，所以很快就能找到你想要的。你不需要像我一样做个极简主义者，但你终会发现，优秀的老师其实是不需要太多东西的。

保留过多的教学材料会延长你的工作时间，增加你的日常压力。

保留过多的教学材料会延长你的工作时间，增加你的日常压力。考虑使用什么样的材料，并且额外花时间去寻找它们容易产生焦虑，此外，你也很少再有精力去钻研如何把课堂变得更有趣。尽量少做你不喜欢的事，去做你感兴趣的事——和孩子们在一起或设计精彩的课堂活动。

清理掉冗余的资料能够保持教学的活力。我知道有些老师将以前的教学资料都存放在了不同的盒子里，并在盒子外面标明了特定月份，多年来一直用同样的课程、计划和材料来给学生上课。如果你上了一堂特别成功的课，一定要留下模板和记录，但要尽量把这些资料限制在一个简单的文件夹里，尽可能利用电脑的储存容量。

杂物过多的教室

有一年，我被安排到了一间新的教室，和往常一样，我只带了几个盒子。我并没有花太多时间来为开学第一天做准备，但我依然很兴奋。我计划着重新布置一下教室里的家具，并准备把布告栏也换上新的颜色。

当我走近那间新教室的时候，我从窗户里看到之前那位老师还在收拾她的资料。她有一大堆东西要处理。我原本打算先把我的盒子放下，然后去图书馆备会儿课，但重新考虑之后，我决定进去帮她。我们是很好的朋友，所以帮一下忙也是理所应当的。

我开始筛选她的东西，很快就发现其中有一大半她显然都不需要。她还保留着十年前的艺术项目样本，我也竟然找到了上世纪八十年代的基准读物！我们在笑声中相互比较谁发现的教具最老。我会举起一个“发现”，毫不掩饰地大笑着对她说：“你觉得你会在短期内用到这个吗？”我们必须扔掉大量没用的东西。

几个星期之后，她看到我还是会说：“自从把教室里的东西都收进柜子之后，我感觉舒服多了，我终于可以找到需要的东西了。”

不仅仅是老教师，不少教龄不满五年的年轻老师也在教室里堆积了过多东西：各种器材和盒子杂乱地摆放在地面或柜子上。毫无疑问，他们的学生大部分也染上了同样的习惯。

走进一间杂物摆放过多的教室，你会发现，学生的课桌通常也是又脏又乱。本书的一个重要主旨就是老师要保持言行的一致。如果你自己都不能以身作则，你又怎么要求学生保持课桌的干净整洁呢？

> 如果你能清理掉教室里多余的杂物，并保持讲台的整洁，你的压力就会减少许多，教学效率也会有所提高。

如果你能清理掉教室里多余的杂物，并保持讲台的整洁，你的压力就会减少许多，教学效率也会有所提高。此外，看到这样一个整洁舒适的学习环境，无论是谁都会感受到你为学生打造一流教育体验所做的努力。

当心小精灵的造访

每隔几个星期，我就会在白板上画一个小精灵，然后再在他头顶上附上个对话框，里面写着："小鬼们，快把你们的课桌整理干净，不然明天我就要造访了！哈哈！"这就表示，学生们必须把课桌打扫干净，扔掉做过的作业，整理好有用的东西，否则小精灵就会在夜里造访，把他们的东西都倒在地上。

现在我不会真的把他们的东西扔在地上，我的做法是在暗地里选两个学生，问问他们是否愿意在第二天上课之前把自己的东西摆放在课桌前的地上。孩子们热衷于此类事情，通常情况下都愿意帮忙。第二天早晨，学生来到教室必然会看到有两张桌子被清空了，里面的东西都被倒在了地上。其中一个帮忙的孩子会说："我想我打扫得还不够干净，下次我会做得更好。"

于是大家都哄堂大笑，然后我们就开始了一天的学习。你的确可以直接告诉学生每周或每两周清理一次课桌，不必安排滑稽的桥段，但我喜欢把每件事都变得有趣。一些简单的小事，如小精灵夜间造访教室，确实是有重要作用的，学生们会因此喜欢上上学。

怎样使打扫变得有趣

我建议尽量让学生自己来打扫和布置教室，毕竟，那是他们学习的地方。只有在自己打扫的时候，归属感和责任感才会增强。我负责分配工作，学生来执行。我不会把工作分得太细，我交给他们任务，但具体怎样完成由他们自己决定。

同样，我们把打扫也变得非常有意思。我会事先在地面中间放一个废纸篓，然后在10英尺之外的地方贴一条胶带。学生用完一张纸巾后就走到胶带条前投射，每人有两次机会。我把他们分成几组，看哪一组投的最多。其中一个学生专门负责主持和评判这个小游戏。我知道这很简单，看起来似乎还有些愚蠢，但它能使打扫变得更加有趣，很受学生喜爱。

尽情呼吸

这听起来或许有些奇怪，但一间干净整洁的教室确实能让我心情舒畅。我可以尽情地呼吸，很快就能放松下来。试想一下，如果走进一间杂乱无章的教室或房间，你会是什么感觉？不自在？紧张？焦虑？那么别人进了你的教室会是什么感觉呢？学生们又会是什么感觉呢？你所打造的教室环境与你心中期望的学习环境是一致的吗？

三个步骤让你快乐起来

尝试以下三个步骤，它们将极大改善你的教室环境。我相信你一定会满意的。

第一步：扔掉或捐出过去两年里没用过的教学材料。仔细检查剩下的物品，只保留确定会用的东西，其他的都要清理掉。我保证你什么都不会错过。

> 每天早晨看到一张干干净净、整整齐齐的桌子，你会感到非常愉悦。

第二步：在桌角摆置一个塑料盒子或篮子用以存放重要文件，并时刻保持桌面的清洁。闲下来的时候，给篮子里的每张纸标上记号，该回收的回收，该扔的扔。把那些不得不保留的文件放进一个文件夹，然后插到手边的档案柜里。坚持每天花几分钟做这些小事。每天早晨看到一张干干净净、整整齐齐的桌子，你会感到非常愉悦。

第三步：让学生每周打扫一次课桌和教室，给他们分配具体工作，并加入一些趣味元素，如：放音乐、做游戏或一起唱歌。我每次对学生说："星期五到了，每周一次的大扫除又要开始了"时，他们都会欢呼雀跃，这使我感到很吃惊。

超级省时

现在我要说一个秘密，这有些难以启齿，因为教育圈里是禁止这么说的。学生们放学之后，偶尔我很闲得慌，我很少会觉得时间不够或应接不暇。一个干净整洁的教室环境可以节省很多时间。

关于思想解放的一些建议

人们常说，好的老师要有良好的多任务处理能力，但我并不赞成这一观点。多任务处理（即同时处理多项任务）是一个极大的误称。人的大脑无法在同一时间妥善处理一个以上的任务。想象一下，你能一边讲电话一边看电视吗？答案显然是否定的。

确切地讲，多任务处理应该是指注意力从一项任务转移到另一项（或多项），然后再回来。作为老师，有时候我们别无选择，只能这样来处理多项任务。一天之内会发生很多事情，其中有些我们无法控制。然而，研究显示，人类在这方面做得并不是很好，多任务处理既浪费时间，增加压力，又没有重点。

因此，一次最好只专注于一件事情。保持教室和课桌的整洁对此会有很大帮助，本书提供的许多其他方法也有一定的作用。然而，当你意识到多任务处理效率极低时，你自然就不会这么做了。

Tips 实践指导

1. 保持教室的整洁可便你节省大量时间、减少压力，使你成为一个更优秀的老师。
2. 捐出或扔掉过去两年里没用过的东西。
3. 在桌角摆置一个小篮子用以存放重要文件，保持桌面的清洁。
4. 每周腾出时间让学生自己打扫课桌和教室。
5. 给打扫增添一些乐趣，如：放音乐、做游戏或一起唱歌。

教学诀窍 | 15

如何敏锐地捕捉到学生的闪光点

☑ 谈论关于学生的八卦会降低教学效率。

☑ 除非对学生有利或与学习相关，否则不要议论学生。

☑ 每天早晨看到所有学生时，要真心为他们感到高兴。

有一次，我正准备去学校主办公楼查看邮箱，一位老师拦住了我。他想听听我对他的一个学生凯瑟琳的看法，之前上美术课、科学课和体育课的时候我见过这个学生。他问我凯瑟琳在课上表现怎么样，是不是很难跟上课堂进度。

我告诉他她做得不错，大部分时候都能跟上课堂进度。然后他开始向我抱怨，说他对她感到非常失望。很快，这种抱怨就升级为对学生性格的严厉批评。

老师们偶尔宣泄一下是正常的，但这位老师严重越界了。作为一个倾听者，我突然对这个谈话感到厌恶。幸运的是，另一位老师及时走过来加入了这个话题，我趁此机会悄悄溜走了。在我离开的时候，我听见后来的那位老师说："真为你感到遗憾，还好我班上没有这样的学生。"

这件事发生在12月初，学期还有大半没结束。我真心为凯瑟琳感到难过，她显然要在一个不太好的学习环境里备受煎熬。在我的美术课上，我尽量让她知道我很满意她的表现。我可以确定，通过那位老师的语言和动作，她能清楚地感受到他对她的看法。

一天两次

为了培养学生的社区服务意识及筹集实地考察旅行资金，那天晚些时候，学校举办了一场活动。操场上布满了各式各样的展台，当我四处参观时，发现其中有一个是由一群老师开设的。为了获得资金，他们出售多种可轻易用肥皂和水洗掉的文身图案。

在我浏览这些文身图案的时候，其中一个老师议论起了她的学生："格罗瑞娅问我这些文身是不是真的。你们能信吗？我对她说，'是的，格罗瑞娅,我们卖的是永久性文身。'听听,多愚蠢！我已经无话可说了！"

她对学生的讽刺让我很吃惊，也很厌恶，但我只是点点头就走开了。

这位老师在说的时候并没有压低声音，而是当着其他老师甚至一些学生和家长的面毫无遮拦地就讲了出来。她对学生的讽刺让我很吃惊，也很厌恶，但我只是点点头就走开了。

那天晚上，我为自己感到耻辱，因为我没有大胆指出那位老师的错误，我应该上前告诉她不要轻易议论学生，建议她重新思考一下教师的基本责任。这会是一场尴尬的对话，我也可能因此被视为不易亲近之人，但这是正确的做法。

只是八卦而已

老师不应该议论学生，除非对学生有积极影响或与学习有关。

私下里向关系较好的同事宣泄情绪或为学生寻求意见（不泄露学生姓名）没有任何关系，但指名道姓地抱怨或批评某个学生非但不合适，也极其不专业。老师不应该议论学生，除非对学生有积极影响或与学习有关，否则就只是八卦而已。这么做的唯一作用就是轻微缓解说话者的挫败感，使听话者对自己班级的问题更好受一些。事实证明，很少有优秀的老师会对八卦和抱怨感兴趣。

维护学生人格和声誉

家长把孩子送到学校意味着他们对学校老师十分信任，每位老师都有义务保护学生的人身安全，维护他们的人格和声誉。议论学生学习之外的事情背叛了家长的信任，而且还有可能造成永久性伤害。

学生听到同班同学八卦自己就已经很难过了，当老师这样的权威人物也这么做的时候，伤害要严重地多。最糟糕的是，那些八卦、抱怨，甚至厌恶学生的老师不但自己很难获得成功，而且也阻碍了学生的成功。

你对学生的看法影响你的教学

由于没有通过班规校规及惩戒措施来抑制不良行为，老师就会对学生产生消极看法（包括来源于此的八卦和抱怨）。对长期品行不端的学生，老师们常常感到挫败和无助，久而久之，这些情感就会转化为对学生的怨恨——这无疑有碍于理想课堂的打造。

> 如果你对学生的消极看法已经扎根在脑海里了，你就会下意识地区别对待他们，而他们能够感觉得到。

你听过“你的思想是可以表现出来的”这句话吗？事实上，这是真的。我们心中所想的总会以某种形式浮出表面。如果你对学生的消极看法已经扎根在脑海里了，你就会下意识地区别对待他们，而他们能够感觉得到，这是无法隐藏的。一旦发生这样的事，你就已经失去了他们以及对他们的影响。

当你向别人八卦或抱怨你的学生时，你脑子里的消极想法就会进一步加深，从而很难再改变。这样做会导致学生不开心，不喜欢自己的老师，而且更容易失败。

努力发现学生的闪光点

> 正向思考的力量不容小视。

要成为一名真正优秀的老师，你必须摒弃对学生的消极看法。然而，这并不容易做到，你必须用别的东西来代替才能收到效果。

因此，当消极思想开始悄悄出现时，要及时采取措施制止，努力去发现学生的闪光点。首先，每天早晨看到学生时，要真心为他们感到高兴，试着一整天都保持这样的心情。

一大早就看见班里每一位学生，你能说服自己为此而感到高兴吗？当然可以。正向思考的力量不容小视。如果你对此感到怀疑，试试就知道了。选两个最头让你疼的学生，在接下来的一整周里努力去喜欢并欣赏他们。关注他们的优点，早上和他们打招呼时，告诉他们你很高兴见到他们。

一周之后，我相信你对学生的看法一定会有所改观。然而，这么做最大的好处在于学生对你的态度也会温和许多。一个月之后，你就会无法理解自己为什么曾经会对学生持有消极看法。

另一个好处是，你不用再向其他老师倾诉你的挫败感或听他们抱怨自己的学生了。

俗话说得好，老师之间应该避免八卦闲聊。你没有任何理由参与消极对话或破坏积极态度。最好坚决拒绝参加以“抱怨牢骚”为主题的聚会，只和志同道合的同事一起吃饭。

停止争论、要求、协商或恳求

如果有学生没有达到你对班级的期望，要让他们知道，并让他们负起责任。不要表现得太情绪化，直接指出他们的错误之处。平静地告诉他们你预想的结果，不要恳求他们，也不要和他们争论或协商。这些无效的方法只会增强你的挫败感，导致越来越多的不良行为。

用专业态度处理问题行为

任何学生都不应该破坏课堂秩序，但他们可以要求老师以专业的态度来处理其错误行为。可以告知家长、辅导员、学校行政人员，偶尔还有其他老师某个学生在专业领域里的行为，但不能超出此范围。家长每天给你八个小时的信任，这就意味着和你签订了一份无形的合同。

父母把孩子送到学校是相信你会尊重他们。当你在八卦或抱怨学生的时候，你实际上已经违反了这份合同，同时也浇灭了打造理想课堂的希望。

Tips 实践指导

1. 谈论学生的八卦会降低教学效率。
2. 除非对学生有利或与学习相关，否则不要议论学生。
3. 如果你对学生持有消极看法，他们能感觉得到，你无法隐藏。
4. 每天早晨看到所有学生时，要真心为他们感到高兴，一整天都要保持这样的心情。
5. 对学生来说，每一天都是崭新的开始，不要因为他们过去的错误就消极地看待他们。
6. 避免八卦闲谈，只和志同道合的同事一起用餐。

幽默是提升影响力的法宝

☑ 幽默有助于提升你对学生的影响力，使你做的每一件事都更简单、更有效。

☑ 任何人都可以为课堂增添些许幽默元素，只需一点创意和自我意识的丢弃。

☑ 不管是什么形式的幽默，学生们都会欣赏。

常常有家长或同事问我同样一个问题，尽管他们在问法上有所区别：

“你是怎样做到让学生如此喜欢你的课堂的？”

答案就在前15章中。打造梦想课堂，成为一名出色的教师，你不能只关注自身的快乐和成就，还要顾及学生的感受。只要遵循前面的15条要旨，学生们就会喜欢上你的课，我对这有百分之百的信心。然而，还有一点对我的教学也非常重要：幽默。

如果你也经常使用幽默，你就会知道它对学生的作用是多么大。遵循以上15条建议，学生就会爱上你的课堂，但如果再加上一些幽默元素，他们就会高兴地发狂。

记住，如果你能获得学生的仰慕和喜爱，你就可以对他们施加强大的影响，而你做的每一件事也都变得更简单、更有效。

仅限于专业领域

幽默是老师的秘密武器。

幽默是老师的秘密武器，这么说是因为他们很少会刻意去制造幽默情境。我从任教第一天起就开始运用幽默，因为它能使教学变得更加有趣。然而，很快我就发现，幽默还有助于我管理教育那些调皮捣蛋的学生。对于过去这些年里我所遇到的最顽皮的学生，幽默总是影响他们的一个重要因素。

为什么幽默不是15个诀窍之一

我没有把幽默列入15个要诀中原因有三：第一，我认为幽默对于梦想课堂的打造并不能起到实质性作用。你对学生亲切友好固然重要，但博学生一笑并非关键。

第二，幽默并不适用于每一个人。人和人性格不同，并不是每一位老师都习惯在课堂里使用幽默。我认识一些老师毫无幽默感，但他们同样创造了良好的学习环境，培养出了快乐、上进的学生。

第三，我担心被误解。我喜欢和学生们一起笑一笑，但我的主要目标是培养他们的毅力和责任心，在任何情况下幽默都不能干预这一目标的实现。然而，如果你善于使用幽默，在课堂里自然也是有机会用到的。

如何运用幽默

幽默不是喜剧演员的专利，你需要的只是一些小创意和自我意识的丢弃。不管是什么形式的幽默，学生们都会觉得有意思。当我借铅笔给学生的时候，我会忍不住对他们说："一定要善待它，这是我姥爷给我的生日礼物，对我意义重大。"他们很少会大声笑出来，我知道这并不是特别有趣，但每天穿插一些这样的小娱乐的确会起到一些积极作用。

我经常被问的另一个问题是：

"你到底是怎样把幽默融入到教学里的？请举一些例子。"

这个问题比较难回答，因为幽默没有固定的套路。我们每个人都有自己独特的个性，对幽默的喜好也不一样。我在班级里运用幽默的方式并不一定符合你的风格，甚至对你根本就不起作用。

当我在讲的时候，每说完一段妙语，你听到的只有蟋蟀的啾啾声。

举个例子，我朋友吉姆很会讲笑话。抛开笑话本身不谈，只要他在那儿讲，光是动作和神情就足以让人捧腹大笑了。而当我在讲的时候，每说完一段妙语，你听到的只有蟋蟀的啾啾声。我怎么也做不到像他那样。在课堂上运用幽默的时候，最重要的是要做你自己，采用适合自己的方式。

课堂中使用幽默的例子

然而，我了解过去的成功经验对现实的重要借鉴意义，因此本着这样的精神（虽然违背了我自己的意愿），我将举例说明我是如果运用幽默的。

◆ 如果我看到有椅子离开了原来的位置—— 做这事的学生可能出去削铅笔或拿纸了——我会假装被它绊倒。我先把手中的纸都扔向空中，然后在混乱中假意跌坐在椅子上。孩子们扶我起来的时候，我会作出一副茫然的样子看看四周，双眼迷离地对他们说："发生什么事了？我记得我好像正走在约瑟的桌子旁。"

◆ 我经常把自己扮成各种不同的人物。有时候我会带上假发，穿上平时不常穿的衣服，装成是临时代课老师。更多的时候我喜欢扮演冲浪好手、机器人或我自己的双胞胎兄弟。我会在这些角色里呆20分钟，然后再做回原来的自己。

◆ 如果某位学生在分享冗长的答案，我就会躺在地板上假装睡觉。

◆ 如果有学生无意中打破了班规，比如在我讲课的时候做自己的事情，我就会这样说："黛西，请集中注意力。现在先给你一个警告，如果再犯的话，我们就要把你倒挂在吊扇上，拿番茄砸你。"

◆ 有时候我会用奇怪的腔调来给孩子们上课——英国、爱尔兰和牙买加口音是我最喜欢的。我也会模仿——或试着去模仿——拳王洛奇·巴尔波亚、吸血鬼德古拉、绝地大师尤达、夏奇（史酷比里的）或军事指挥官。我的这些形象都是正面的吗？不是，它们有些还很糟糕，在成年人面前我是绝对不会这么做的，但我的学生们喜欢，觉得它们很有意思。

◆ 我给每个学生都取了绰号，为了缓解气氛，我几乎每周都要喊他们一次绰号。举个例子，我拿出电话薄随意选了三个名字（真的如此）：比尔·弗托、吉尔·格里芬和乔纳森·巴斯洛夫。如果他们在我班上的话，我会这么叫他们：比尔"帮我拍"弗托（照片的谐音）、吉尔·格兰芬多（《哈利波特》中的人物）、乔纳森·巴斯洛夫的狗。大部分学生都喜欢绰号，但也有例外。我会事先问问他们愿不愿意被叫绰号，尊重他们意见。

◆ 在做一些简单的程序性指示时，偶尔我会用歌剧的方式唱出来。学生们也会以同样的方式问我问题，他们这样唱道："如果我忘……忘了我的背……背包，会……会有什……么后……果呢？"我会这样回答："那么你……就会……会有大麻……烦。"然后全班哄堂大笑。

◆ 去学校图书馆的路上，我们常常把自己想象成忍者战士，计划着进攻邪恶的城堡。我们不会走无聊的常规路线，而是偷偷溜过整个校园——时而踮起脚从一颗树轻轻跨到另一棵树，时而躲进灌木丛或角落里面。通常我都是队伍里的领导，在扮演这个角色时我可以说是做到了全力以赴。我会教学生一些手势——趴下、小心行进、有人来了、发现目标等。从教室附近偷偷溜过的时候，我们会尽量隐藏自己，争取不被发现。其他老师看我就像看疯子一样，但对学生们来说，这是极大的乐趣！他们欢快地笑了一整天。当我们到达图书馆的时候，又和往常一样开始了正常学习。

幽默无处不在

如果你有意去寻找，这样的幽默无处不在。发挥你的想象力，来自于你自己的点子才是最好的。如果你觉得很难在课堂里制造幽默，想想你的家人亲属，你和他们在一起的时候总是能产生各种各样的幽默。尽管很少为外人所见，但你与亲人之间的那些滑稽小瞬间非常值得珍视。试着把这种轻松的幽默带到课堂中去，你会发现，即使是最调皮的学生也会动容。

Tips 实践指导

1. 幽默有助于提升你对学生的影响力，使你做的每一件事都更简单、更有效。
2. 幽默有助于问题学生的管理和教育。
3. 任何人都可以为课堂增添些许幽默元素，只需一点创意。
4. 不管是什么形式的幽默，学生们都会欣赏。
5. 做你自己，来自于你自己的点子才是最好的。

结语

Conclusion

当老师真好

一个雨天的早晨，我在高速公路上开车去上班，从后视镜里瞥见一辆车在后面开得飞快。靠近之后才发现，车主是我的一个同事。由于道路很滑，我开得非常小心，车速控制在每小时65英里之内。在出高速之前，我刚刚驶进了一条长达1英里的出口车道（一共有两个这样的车道）。

我的那位同事继续加速前进，越来越靠近我车上的保险杠。起初我以为他认出了我，想以这种方式引起我的注意，但看到他沮丧的神情之后，才发现并不是那么回事儿。他把我的车挤到了出口处，逮到了机会就超过我的车，呼啸地从我身边飞驰而过。这时我并没有刻意把脸藏起来。不管以什么标准来衡量，我都没有理由对自己的开车方式感到羞愧，让我不齿的是他和他那可鄙的行为。

现在我们开在了一条标准市内道路上，他在前面弯弯曲曲地行驶着，到了半英里的地方突然左拐，走了一条我并不熟悉的路线。我猜想他可能发现了捷径，或者装作不是我认识的那个人。

当我把车开到离学校最近的一个拐角处时，我向右拐了进去，准备再左拐从入口进入车道。这时，我发现他从我的反方上来了。我们四目相视，他的脸因尴尬而变得煞白。我愠怒地打量了他一会儿，然后把车开进了车位。

我对他很生气，不是因为他开车的方式——开车途中遇到鲁莽的司机很正常——而是因为他为了满足自己的私利和侵略本性而不顾我的安危。

我没有立即下车，而是坐在停车场里摆弄摆弄收音机，翻翻背包。我就这样拖延着，直到看见他进了学校大门。考虑到我当时愤怒的心情，我知道什么都不说才是上策。

当我穿过校园来到教室准备上课的时候，心中的怒火还是没有平息。我绝不希望以这种状态去上课。尽管发生了这样的事情，但工作还是要继续。这就是作为老师最大的挑战之一，你必须时刻保持良好的精神状态，无论你是感到不适，还是沮丧，还是因为被同事背叛而愤怒。

在见学生之前，我深吸了几口气，努力让自己冷静下来。我在教室里来回踱步，边思考问题边等待上课铃声的响起。太阳刚刚从密布的乌云中露出脸来，铃声就响起了。我走出教室，下定决心要把这件事抛到脑后，但依然做不到。我的学生还在操场上，我打算上楼从高处眺望他们，但走到楼梯旁时，我还是很生气。

我一次跨两个台阶蹦蹦跳跳地上了楼，决心要给孩子们一张好脸色。当我到达顶楼的时候，在前方约20步的地方看到了他们。他们兴高采烈地聊着天，稚嫩的脸上挂着迷人的笑容。走在最前面的几个学生看到了我，于是示意大家不要再讲话，把队排整齐。当他们走到我面前时，我迅速检查了一下人数，而他们也注视着我，依旧笑着，兴奋地期待着新一天的开始。

我在清点人数的时候，脸上不觉又露出了笑容。学生们也微笑着，扬起脸专注地看着我，期待着又一天有趣的学习。这就是我梦想中的课堂。我模仿着学生们的神情，先是轻笑了一声，然后又咧开嘴大笑，完全忘记了自我。带他们去教室之前，我长长地吁了一口气，那似乎是那天中的第一次，而早上的不愉快也像散去的乌云一样消失了。

真心希望每一位老师都能打造出自己的梦想课堂。无论在哪儿教书，无论遇到什么样的学生，你都可以掌控一切。坚持认真践行本书中提到的教学诀窍，很快你就会发现，你离智慧课堂已经越来越近。

像冠军一样教学：
引领学生走向卓越的62个教学诀窍

ISBN：9787515343488
作者：[美]道格·莱莫夫
2016-9 定价：49.00元
上架建议：畅销书 教师用书

入选《中国教育报》2016年度"教师喜爱的100本书"
入选中国教育新闻网2016年度"影响教师的100本书"

- 被誉为美国的"教学圣经"
- 全球1700万教师口碑相传的教学指南
- 教育界罕见的销量过千万的全球畅销书
- 只要掌握技巧，没有教不会的学生
- 一套已被证明适合每一所学校和每一个教师课堂的实用教学工具
- 《纽约时报》《时代周刊》《洛杉矶时报》《华盛顿邮报》《华尔街日报》《今日美国》等权威媒体重磅推荐
- 伟大的教师不是天生的，而是后天造就的。事实上，每一位教师都可以选择加倍努力来完善自己，最终成为你想成为的教师。本书涉及的62个教师技巧，一直被大多数教师实践，所有遵循这些方法的教师，都成功掌控了自己的课堂。

内容简介：《像冠军一样教学：引领学生走向卓越的62个教学诀窍》被誉为美国的"教学圣经"，作者多年来观察教学成效出色的冠军教师，从他们的教学技巧中整理归纳出一套实用的教学手册，清晰易懂又容易上手，能帮助新手教师更快进入状况，快速提升教学效果；帮助老教师直达教育本质，沉淀教学精华；帮助学生发挥最大潜力，在未来拥有更多机会。

全书在一个个引人入胜的教学案例中，为教师提供了62个操作简便、高效实用的教学技巧，每章末均附有切实可行的培训练习，帮助教师进一步理解和反思他们的教学行为，以更好地引导学生专注学习，发挥最大潜力。

作者简介：道格·莱莫夫是美国畅销书作家、权威教育家、著名教师培训导师。毕业于哈佛大学。

道格是教育界的权威专家。不仅如此，他还是全美教师培训界最引人注目的导师，他在观察几千堂"不可思议"的高效课堂后，归纳出冠军教师所需要的62个教学诀窍，他关于教学的理念和方法，一直被大多数教师实践，所有遵循这些方法的人，都成功掌控了自己的课堂和生活，并从中获得了无限快乐和幸福。

《像冠军一样教学：引领学生走向卓越的62个教学诀窍》出版后，在全球教育界引起巨大震动，包括《纽约时报》《洛杉矶时报》等主流媒体都做过专文报道。莱莫夫本人也声名鹊起，哈佛大学教育学院数次诚邀他登台演讲，约旦王后拉尼娅盛情邀请他出任教育顾问。

他还撰写了畅销书《练习的力量：把事情做到更好的42法则》。

「常青藤」教育书系·重磅推荐

《从优秀教师到卓越教师：极具影响力的日常教学策略》

作 者：（美）安奈特·布鲁肖
托德·威特克尔

ISBN：978-7-5153-1237-8
开 本：16
页 码：336
定 价：33.80元

★ 入选浙江省教师节用书
★ 入选中小学教师必读图书
★ 入选“新华杯”教师读书征文比赛推荐图书
★ 高效：一天一个简单易学的方法，5分钟就能让你的教学效果“立竿见影”
★ 实用：180天，闲暇之时就能轻松学习新理论、新方法、新智慧
★ 权威：美国最受欢迎的教育家与数千名卓越教师的无私分享，让你获得全新的教学视野
★ 超强影响力：美国教育界公认最好的教师培训项目二十余年的宝贵经验

本书是一本覆盖全学年的实用教学指南，一共包含180天，几乎覆盖了整个学年的教学时间，每一天为教师提供一个与教学相关的方法、策略或者行动建议，以提高教学的有效性。教师每天只需花几分钟的时间，就能获得新进步、新收获。

作为一名教师，由于肩负着众多的责任，所以很容易顾此失彼，看重一些我们本无须看重的东西，忽略一些我们本不该忽略的东西。因此，每一天，我们都需要提醒自己做自己该做的事情。本书将在你教学的每一天为你送上温馨的提醒、善意的建议、周全的行动计划。

- 风靡全球的“翻转课堂”和“翻转学习”，最早起源于本书的两位作者乔纳森·伯尔曼和亚伦·萨姆斯，他们所任教的美国科罗拉多州落基山的“林地公园”高中被誉为“翻转课堂圣地”，他们在学校长达10余年的对于翻转课堂的实践，已经引起越来越多的人的关注，以至于经常受到邀请向全世界同行介绍这种教学模式
- 来自“世界翻转课堂圣地”的成功模式——轻松效仿
- 被誉为“翻转课堂先驱”的他们对翻转课堂进行了长达十余年的勇敢尝试——成效显著
- 数学和科学卓越教学总统奖得主震撼力作——超强影响力

作者简介：乔纳森·伯格曼，获得过数学和科学卓越教学总统奖（该奖项是美国数学和科学教学领域杰出表现的最高认证），被誉为“翻转课堂先驱”。他和亚伦对翻转课堂进行了长达十余年的勇敢尝试和实践，引起了全世界的关注，世界各地的小学、初中、高中乃至成人教育都纷纷采用这种模式来教授各个学科，并取得了卓越的成效。

亚伦·萨姆斯，获得过数学和科学卓越教学总统奖，被誉为“翻转课堂先驱”。他和乔纳森一起为“翻转课堂”这种教学模式的完善和推广做出了巨大的贡献。

入选中国教育新闻网“影响教师的100本书”

翻转课堂与慕课教学：
一场正在到来的教育变革

ISBN：978-7-5153-2823-2
作者：[美]乔纳森·伯格曼，亚伦·萨姆斯
定价：26.00元

内容简介：《翻转课堂与慕课教学》开始于一个简单的观察：在传统课堂上，学生一直很被动地接受教师的答案。而现在，作者乔纳森·伯格曼和亚伦·萨姆斯尝试了翻转课堂模式，这种模式以学生为中心，鼓励学生为自己的学习负责，并广泛运用于学生的家庭作业、课堂任务、实验和考试等各个方面。

通过10余年的勇敢尝试，乔纳森·伯格曼和亚伦·萨姆斯渐渐发现这种模式可以复制到任何一个课堂，也不需要更多金钱的投入。在这本书中，你将知道“翻转课堂”模式究竟是什么，为什么这种模式会有效，如何实施这一模式。

翻转学习：如何更好地实践
翻转课堂与慕课教学

ISBN：978-7-5153-3483-7
作者：[美]乔纳森·伯格曼，亚伦·萨姆斯
定价：32.00元

内容简介：本书探讨的是一场比翻转课堂更深入的变革：老师不仅仅考虑翻转自己的课堂，而是更为深入地去翻转整个学习过程——如何最充分地利用与学生面对面的时间，从根本上改变课堂和学校，从而满足每一个学生的需要，真正达到定制化学习体验，实现教育“最有效点”。

翻转学习的最大力量正是能够为每一个孩子定制学习。教师可以集中精力改变课堂，使它完全以学生为中心。翻转学习将永远改变教师的教学和与学生互动的方式：学生不仅提高了成绩，而且习得了更加重要的批判性思维和写作技能。教师在课堂上比以往任何时候都兴奋和轻松。